Klaus Kobjoll

Motivaction
Begeisterung ist übertragbar

Orell Füssli

Gedruckt auf umweltfreundliches, chlorfrei gebleichtes Papier

8. Auflage 1998

© Orell Füssli Verlag, Zürich 1993
Umschlag: H. + C. Waldvogel, Zürich
Satz: SCS Schwarz Satz und Bild digital
Druck und Bindearbeiten:
Freiburger Graphische Betriebe, Freiburg i. Brsg.
Printed in Germany

ISBN 3-280-02192-8

Die erfolgreiche Umsetzung eigener sowie bereits bekannter Weisheiten in den Bereichen Marketing und Motivation

Vorwort

Sie werden es gleich erkennen: Die Ideen sind großenteils nicht auf dem Mist Kobjolls gewachsen. Die Verpackung aber, die Form, in welcher die Ideen präsentiert werden, die ist einzigartig. Die Sprache Kobjolls packt die Ideen, zu deren Herkunft er ausnahmslos zitierenderweise steht, in ein derart eigenes, windschlüpfriges Kleid, daß von seinem Zuhörer und von seinem Leser kaum Anstrengung gefordert ist, um zu begreifen. Das Vermittelte wird direkt eingepflanzt – die Motivations-Philosophien Kobjolls wirken bereits in seiner Sprache.

Doch hat sich die Wildente Kobjoll ihren Übernamen mit etwas Entscheidenderem verdient. Die Marketing- und Management-Wissenschaftler würden trocken von einer seriösen Ideen- und Konzepterarbeitung sowie deren konsequenter Umsetzung sprechen; sie hätten damit zwar nicht unrecht, würden aber die wirkliche Einzigartigkeit verfehlen. Denn der Erfolg der Wildente liegt tiefer begründet: in einem unerschütterlichen Glauben an das Vorhandensein aller für Erfolg notwendiger und richtiger Ideen im Menschen beziehungsweise im Team selber und – folgerichtig – in einer bodenlosen Sturheit bei der Verwirklichung.

Wie bitte, meinen Sie? Ein Widerspruch zu gepredigtem Spaß und gepredigter Freude? Zur gelebten Absicht, ein gewinnorientiertes Unternehmen auch als Spiel zu betreiben? Überhaupt nicht! – nicht, solange Kobjoll mit ebensolcher Sturheit sogar trockene funktionelle Notwendigkeiten mit Spaß und Freude zu verbinden versteht, wie beispielsweise die minutiöse Planung in allen Bereichen. Und hier verfügt die Wildente wohl nicht nur über angeeignete Fähigkeiten, sondern – und vor allem – über eine an Einzigartigkeit grenzende Gabe.

Ich bin als Rechtsanwalt über meine Sekretärin zur Tonbandabschrift einer Rede des Gastronomen Kobjoll gekommen, was den Ursprung des vorliegenden Buches darstellt. Obwohl sofort fasziniert, glaubte ich offen gestanden kaum, im Kobjollschen Schindlerhof eine 1:1-Umsetzung anzutreffen, ja wäre nicht einmal enttäuscht gewesen, wenn die Worte des Klaus Kobjoll dann und wann seinen betrieblichen Realitäten etwas zuviel Farbe verpaßt hätten. Ich wurde in Nürnberg schlicht eines Besseren belehrt.

Und erst in Nürnberg wurde mir bewußt, daß die Marketing- und Motivations-Philosophie des Klaus Kobjoll im Grunde mit Gastronomie so gut wie nichts zu tun hat, außer eben, daß Kobjoll sie mit seinem Kreativ-Zentrum und Landgasthof Schindlerhof in der Hotellerie beziehungsweise der Tagungswelt auslebt und spielt. Sein Entscheid zur manischen Spezialisierung, welcher Kobjoll ein Tagungshotel unter Benutzung der Farbenlehre Goethes wie anderer anthroposophischer Grundsätze und Erkenntnisse bauen ließ; welcher in konsequenter Umsetzung dazu führte, daß vom Schindlerhof-Team nur Anfragen für Tagungen und Seminare angenommen werden, die hinsichtlich Rahmen und Inhalt auch in die miteinander abgestimmten Zielvorstellungen, Konzepte und Räumlichkeiten passen; dieser Entscheid zur manischen Spezialisierung läßt sich in seiner Berechtigung für Klein- und Mittelgewerbe problemlos in alle anderen Branchen transponieren. Die gelebten Grundsätze bei der Teamzusammenstellung, beim Teamaufbau haben ihre Richtigkeit für den Restaurationsbetrieb wie die Anwaltskanzlei wie den Produktionsbetrieb bis weit in die Sektoren der großen Dienstleistungs- oder Industriebetriebe hinein. Die Art der Mitarbeiter-Motivation, wie sie von Klaus Kobjoll betrieben wird, die kann ihre Wirkung nicht verfehlen, ob es nun darum gehen würde, einer Lufthansa das möglichst schadlose Überstehen der derzeit weltweiten Luftschlacht um Marktanteile zu ermöglichen, oder darum, einen angeschlagenen Automobil-Konzern wieder auf Vordermann zu bringen. Denn im Mittelpunkt steht die Art des Umganges mit Menschen, und die kennt keine branchenspezifischen Notwendigkeiten, wenn einen durchaus nicht wenige Beispiele in der Realität dies auch manchmal glauben machen wollen.

Respekt vor dem Menschen zieht sich wie ein roter Faden durch die Philosophie Kobjolls und durch das vorliegende Buch. Bezeichnet Kobjoll seine Mitarbeiter als die Software des Betriebes, so liegt das Gewicht nicht auf dem technokratischen Element, sondern auf der Sensibilität und der Individualität, auf die es bei jedem einzelnen Menschen Rücksicht zu nehmen gilt.

Die Art des Umganges mit Reklamationen, das konsequente Bezahlen von Wunschgehältern und die auch in anderlei Hinsicht gegenüber Mitarbeitern gelebte materielle Großzügigkeit vermitteln auf den ersten Blick das Bild einer äußerst kostenintensiven Philosophie. Doch Kobjoll macht aus Fehlern Gewinn und weiß, daß gerade Unebenheiten im Mitarbeiterstab die Führungsmannschaft Zeit und den Betrieb Geld kosten wie kaum etwas anderes.

Viel Spaß beim Kennenlernen der Wildente!

Zürich, Januar 1993

Daniel Wagen

Die Rede

Meine lieben Manager, Geschäftsführer und Firmeninhaber, meine Damen und Herren!

Ich war heute zwei Stunden zu früh da und habe mir in Ihrer Mittagspause das aufliegende Mitarbeiter-Fortbildungsmodell sowie Ihr Strategiepapier sehr genau angesehen, und mir ist eines dabei klargeworden: Wenn Sie diese Modelle wirklich umsetzen, dann können Sie Ihren großen Erfolg nicht verhindern, auch wenn Sie sich noch so anstrengen.

Beim Umsetzen: keine Kompromisse!

Ich mußte mich fragen, was ich hier eigentlich noch soll. Nun – ich komme mir ein bißchen vor wie ein After-Dinner-Speaker oder ein After-Lunch-Speaker in England. Ich kann mir nur einen sinnvollen Grund vorstellen, warum ich heute überhaupt da bin: um Ihnen durch Offenlegung eines konsequent umgesetzten Praxisbeispieles zu zeigen, daß sich dieser Weg lohnt, auch wenn es ein sehr mühevoller Weg ist, den Sie mit einem langen Tunnel vergleichen können; ich kann Ihnen zeigen, daß am Ende dieses langen Tunnels Licht ist. Wenn Sie mit der Umsetzung anfangen, so haben Sie für ein bis zwei Jahre erstmal mehr Arbeit als bisher. Lassen Sie sich von diesem Licht anstecken und lassen Sie sich von der Faszination Management durch den Tunnel ziehen.

Dabei müssen Sie sich bewußt sein, daß das Modell in etwa wie eine Schwangerschaft funktioniert. Bei der Schwangerschaft können Sie auch nicht sagen: Ich bin ein bißchen schwanger. Entweder sind Sie schwanger, oder Sie sind es nicht. Das heißt, es kann nur funktionieren, wenn Sie kompromißlos und konsequent Punkt für Punkt in die Praxis umsetzen.

Ich selbst habe mit Null angefangen. Ich betone dies, damit Sie nicht im Glauben sind, ich hätte ein Erbteil zu verschenken. Ich hatte das Glück, bei Null anfangen zu dürfen, und blieb von der Belastung verschont, ein Erbe antreten zu müssen.

Ihr Produkt ist weniger wichtig, als Sie glauben!

General Motors machte eine Umfrage bei den Käufern ihrer Automobile; man wollte wissen: Warum kaufen sie unsere Autos? Weshalb bleiben sie einer Marke treu? Die Ergebnisse dieser Umfrage waren so erschreckend, daß sie sofort in der Schublade verschwanden. Der Grund: An erster Stelle in der Gunst der Käufer steht die Telefonistin, an zweiter Stelle der Kundendienstleiter und an dritter Stelle die Buchhaltung, wo sie dann ihren Scheck hinterlegen, wenn sie ihr Auto abholen und ihre Inspektion bezahlen. Vom Produkt weit und breit keine Spur.

Unsere Produkte sind allesamt verkommen zu Basisfähigkeiten. Der Kunde kann davon ausgehen und geht davon aus, daß sie gut sind, je nachdem, wie sie positioniert sind, oder je nachdem, wie der Preis ist. Und es ist eigentlich unverschämt, jemanden zu fragen: Hat Ihnen das Essen geschmeckt? Denn wenn Sie ein Auto gekauft haben, egal ob einen Japaner oder einen Porsche, dann fragt Sie der Kundendienstleiter ja auch nicht: Sind Sie auf den ersten 10 000 km schon einmal liegengeblieben? Erkenntnis: Das Produkt ist auswechselbar, es ist nicht mehr wichtig und nur noch Basisfähigkeit.

Ob Autobranche, Bank, Verkehrsverein oder Hotellerie – die Situation ist in jedem Dienstleistungsbetrieb die gleiche. Da war eine Karikatur in der „Brigitte": Es sitzen zwei Leute in einem Gartenrestaurant; der Kellner steht vor ihnen, und die Leute sagen: Eigentlich haben wir keinen Hunger, aber es darf ruhig etwas kosten!

Und so ist es auch in jeder anderen Branche. Es geht nur noch um Erlebniswerte, es geht um Kicks, es geht um Hedonismus und nicht mehr um Bedürfnisbefriedigung, wie es früher noch der Fall war; und dies erfordert natürlich ein völlig anderes Marketing.

Team als Perpetuum mobile

Das Geheimnis liegt darin, daß Sie sich als Manager, als Führungskraft Ihre eigene Bedeutung über weite Teile im Betrieb selber abgraben sollen. „Team als Perpetuum mobile" heißt nichts anderes, als daß es von alleine funktioniert, das heißt, ohne Zutun des Unternehmers. Wir sind die unwichtigsten Leute im Team.

Ich möchte Sie mit unserem Konzept etwas vertraut machen. Ich bin nur fünf bis zehn Tage im Monat selbst im Hause, eher fünf als zehn. Ich wohne 20 Kilometer vom Hotel entfernt; das ist ganz unüblich in meiner Branche. Ich werde auch nie gestört. Ich mache acht Wochen Urlaub im Jahr. Wenn ich im Januar nach vier Wochen zurückkomme, ist mein Schreibtisch nach einem halben Tag wieder leer, und doch ist unser Betrieb 365 Tage im Jahr geöffnet. Der Durchschnittsumsatz pro Kunde in meiner Branche beträgt DM 52.— laut Statistik. Wir machten 1991 mit 52 Mitarbeitern, davon 12 Azubis (Auszubildende), DM 9 Mio. Jahresumsatz; das ist eine Produktivität von rund DM 173 000.— pro Mitarbeiter. Vor zwei Jahren hatten wir erst 37 Zimmer, da habe ich mit 40 Mitarbeitern, davon zehn Azubis, DM 7 Mio. Umsatz gemacht – Produktivität: DM 175 000.— pro Nase, Azubis voll mitgerechnet. Das ist etwas mehr als das Doppelte des Branchendurchschnitts.

Die Wirkung ist entscheidend

Das Abgraben der eigenen Wichtigkeit ist aber auch gesundheitsfördernd. Aus einer neuesten UNO-Studie geht hervor, wie alt man in welcher Branche wird. Sie sehen: Die Skala wird angeführt von evangelischen Pastoren; die sterben mit 77 an Übergewicht. Dann kommen die katholischen mit 76 – auch an Übergewicht –, und am Ende der Skala, als Schlußlichter mit 58 Jahren Lebenserwartung, kommen dann die Beizer, die Gastwirte, die an allem möglichen sterben, weil sie sich sehr wichtig nehmen und meinen, wir lebten in einer Leistungsgesellschaft, weshalb sie alles selber machen müßten.

Und deshalb kann ich Ihnen nur raten: Verlagern Sie sich vom Tun aufs Wirken. So unterlaufen Sie Statistiken wie diese. Und hierzu brauchen Sie eine Vision und brauchen motivierte Mitarbeiter, nicht, daß auf Sie die Definition noch zutrifft, die ich letzthin für den deutschen Gastronomen gefunden habe: Er ist fleißig wie eine Biene, hat Kräfte wie ein Stier, arbeitet wie ein Pferd und ist jeden Abend müde wie ein Hund. Ich würde dem dringendst raten, den Tierarzt aufzusuchen, denn vielleicht ist er ein Kamel.

Don't disturb it!

Haben Sie Ihre Hausaufgaben im Betrieb einmal gemacht – und hoffentlich kann ich Sie hierzu ein bißchen ermuntern –, so können Sie den Betrieb einfach laufen lassen. Herbert von Karajan wurde vor vielen Jahren einmal gefragt, wie es denn möglich sei, daß er permanent Spitzenleistungen mit einem solchen Riesenorchester, bestehend aus lauter Individualisten, in Rillen pressen könne; wie er es schaffe, die Leute so zu motivieren. Von Karajan meinte, er habe dies erst gelernt, als er seinen Jet-Pilotenschein gemacht habe. Erst nachdem er den Schein in der Tasche gehabt habe, hätte er sich getraut, den Fluglehrer zu fragen: „Was soll ich denn tun, wenn ich nun das erste Mal alleine da oben sein werde und Schwierigkeiten mit dem Flugzeug bekomme, Du aber nicht mehr neben mir sitzt?" Und der Fluglehrer antwortete ihm: „Don't disturb it" – faß' nirgends hin. Auch wenn die Kiste einmal ins Trudeln kommt, solange Du nirgends hinfaßt, wird sie sich sicher wieder fangen.

Übertragen auf die Unternehmensführung heißt das: Möglichst wenig in ein funktionierendes Räderwerk eingreifen.

Abschaffen jeder Geheimniskrämerei

Die Rechnung mit dem von allein funktionierenden Team geht natürlich nur auf, wenn Sie für volle Transparenz in allen Bereichen sorgen und Vertrauen haben. Nur so können Sie nach 4 Wochen Ferien Ihr Schreibpult nach einem halben Tag wieder leer haben. Bei mir liegt nichts darauf, was nicht geöffnet und bearbeitet ist. Da kann dreimal draufstehen „privat" und „confidential" oder welch freundliche Ausdrücke einem sonst noch serviert werden. Ich habe keine Freundin, und wenn ich eine hätte, dann müßte sie mir postlagernd schreiben. Auf meinem Spielfeld ist alles transparent – anders ist eine solche Motivation, wie sie in unserem Hause herrscht, nicht möglich.

Management by Champignons

Es gibt einige klassische Management-Modelle, die leider Gottes immer noch gelebt werden; ich möchte sie Ihnen ganz kurz vorstellen.

Das Pikanteste ist „Management by Champignons", das heißt, Mitarbeiter im Dunkeln lassen, und wenn sie dann doch gewachsen sind, schneidet man sie ab. Jan Carlzon – ich werde noch auf ihn zurückkommen – Jan Carlzon hat recht, wenn er meint:

Ein Mitarbeiter, der nicht alle Informationen hat, kann keine Verantwortung übernehmen;
ein Mitarbeiter, der alle Informationen hat, kann nicht anders, als die volle Verantwortung zu tragen.

Denken Sie an Ihre Mitarbeiter; es soll welche geben, die kennen nicht einmal die Gewinne des Unternehmens. Wie sollen die dann überhaupt Verantwortung übernehmen? Champignons wachsen nur, wenn sie ab und zu auch mit Pferdemist beworfen werden. Viele von uns sind also auch noch stolz auf ihr Talent, im richtigen Moment dazuzukommen und zu tadeln, und dann werden die Champignons abgeschnitten, wenn sie groß sind. Das tun vor allem angestellte Unternehmer, die Angst haben vor Nachwuchskräften, weil diese besser sind als sie selbst. So ein Modell kann nicht funktionieren.

Management by Hubschrauber

Dies ist der Name eines ähnlich weitverbreiteten Modells und ist charakterisiert durch unerwartetes Auftauchen. Ein Hubschrauber kommt immer dann, wenn keiner mit ihm rechnet.

Ich kenne Kollegen, die melden sich an der Rezeption ab und sagen, sie seien vier Stunden außer Haus. Dann schleichen sie sich nach einer halben Stunde von hinten an, negativ programmiert, und suchen das Haar in der Suppe. Solche finden sie dann natürlich reichlich. Sind die Haare gefunden, wird viel Staub aufgewirbelt – denken Sie an die Rotorblätter –, aber wenn wirklich eine Reklamation im Gange ist, ein schwieriges Kundengespräch droht, dann verschwindet der Hubschrauber wieder, denn er ist kein Kampfinstrument, sondern lediglich ein Blender. Wir programmieren uns alle selbst. Wenn ich mich so programmiert 'reinschleiche, dann finde ich so viele Haare in der Suppe, wie ich will, und zwar in jedem Laden. Und dem Mitarbeiter können Sie gerade keinen Vorwurf machen, denn Sie haben die Erwartung, und ein guter Mitarbeiter will Sie schließlich nicht enttäuschen. Der liebe Gott hat im übrigen dafür gesorgt – um noch einmal auf die Lebenserwartungs-Statistik zurückzukommen –, daß dieser Haß, den die Leute mit sich herumtragen, auch den Behälter zerfrißt, in dem er drin ist.

Solche Führungsstile führen dann jeweils zu Krisensitzungen. In der Schweiz heißen diese dann „Kadersitzungen" – Clausewitz läßt grüßen. Deswegen gibt es auch so wenige Frauen in Führungspositionen. In der deutschen Automobilindustrie sind es beispielsweise lediglich 1,16 % Damen; denn Frauen haben mit Kader und militärischem Vokabular nicht so viel am Hut.

Die Kadersitzungen, die laufen dann etwa so ab, daß über dem Ganzen ein aufgeblasener Unternehmer wie ein Ochsenfrosch thront, und der kommt sich unheimlich wichtig vor mit einer Aura um sich herum, die keinen an ihn heranläßt. Dann kommen die Abteilungsleiter. Die können nur Auge um Auge und Zahn um Zahn führen mit einer Autorität à la Louis XIV. und gottgegeben. Wenn die zur Tür 'raus sind, ist die Autorität wieder weg.

Das Ergebnis dieser Führungsstile am Beispiel meiner Branche heißt: 100 % Fluktuation der Mitarbeiter pro Jahr, wobei hier die Saison-Hotellerie mitgezählt ist. Wird diese herausgenommen, so komme ich immer noch auf 50 %, d.h., 50 von 100 Mitarbeitern verlassen ein Hotel oder ein Restaurant innerhalb eines Jahres. Wenn dann wieder 50 weg sind, sieht es so aus wie die Bremer Stadtmusikanten verkehrt herum. Da sagt der Esel bei der nächsten Führungssitzung zum kläffenden Abteilungsleiter: „Irgend etwas machen wir falsch – die Henne sagt jedenfalls keinen Ton mehr." Die meisten Unternehmer nehmen sich selbst zu wichtig; sie glauben, ohne sie kann der Laden nicht laufen. Ich kenne Leute, die haben große Unternehmen, und die Mitarbeiter müssen bei der Bestellung von 5 000 Blatt Kopierpapier eine zweite Unterschrift einholen. Die führen einen Kindergarten, aber kein Unternehmen. Solche Leute wissen auch nicht, warum sie erfolgreich sind. Es ist scheinbar Zufall, oder weil sie halt noch im Verkäufermarkt sind. Aber das wird sich sehr schnell ändern, mit Sicherheit noch in den 90er Jahren.

Spaß an der Sache

Ich mache nur das, was mir Spaß macht. Ich lehne jede Arbeit ab – auch wenn sie nur fünf Minuten dauert –, die mir keinen Spaß macht, weil ich sie dann auch nicht gut machen kann. Jedes gegenteilige Verhalten garantiert Mißerfolg. Davon können all jene ein Lied singen, welche ohne großes Talent haben Klavier spielen lernen müssen. Die Eltern hat es damals viel Geld gekostet, und heute reicht es gerade noch zu „Alle meine Entlein".

Wir haben im Leben immer nur zwei Möglichkeiten, mit unseren Stärken und Schwächen umzugehen. Mein Vater sagte immer, man müsse den inneren Schweinehund bekämpfen, was nichts anderes heißt, als an seinen Schwächen zu arbeiten. Da unsere Schwächen aber natürliche Begrenzungen sind, können wir dort von vornherein höchstens mittelmäßig sein. Wenn ich beispielsweise sehr stark rechtshirnig orientiert und strukturiert bin und müßte nun jeden Tag eine Stunde lang irgendwelche Erbsenzählerei und Rotstift-Akrobatik über mich ergehen lassen mit komplizierten Abrechnungen und Stornos, nur weil es zum Job gehört, dann frustriere ich mich.

==Die Weltmeisterschaft ist einzig in den Stärken verborgen==. Wenn ich mich also mit meinen Tätigkeiten auf diejenigen beschränke, die mir Spaß machen, so besteht das einfache Rezept nur darin, mir mein Team so zusammenzustellen, daß das Team Stärken überall dort hat, wo ich sehr schwach bin. Folglich kann ich mit meinen Schwächen leben, und alle in meinem Team können ebenfalls das machen, was ihnen Spaß macht. Paßt man beim Einstellen der Mitarbeiter ein bißchen auf, dann klappt es auch zu 99 %. Und wenn dann die Mitarbeiter das tun, was sie gerne tun, dann tun sie es automatisch in kürzerer Zeit auch sehr gut. Der 60jährige, der Lust hat, Ski zu laufen, der wird noch ein passabler Skiläufer in zwei Saisons, aber der Achtjährige, der Klavier spielen lernen muß und keine Lust hat, daß der Klavierlehrer zweimal die Woche ins Haus schneit, der wird allerhöchstens kleine Kinderlieder in C-Dur rein spielen lernen – einhändig, versteht sich.

In diesen Beispielen steckt genau das drin, was ich als Kern meiner Philosophie meine. Viele Unternehmer glauben aber, die Mitarbeiter seien dumm, und Gott sei Dank haben sie dann auch genau diese; das ist die kleine Rache vom lieben Gott.

Ich möchte die nächsten Minuten meines Vortrages dazu verwenden, Ihnen einzelne Puzzlesteinchen zuzuwerfen; diese scheinen vielleicht ein bißchen aus dem Zusammenhang gerissen, doch rundet sich das Ganze recht bald ab.

Energieformen / Beruf als Leistungssport

In Weiterbildungsunterlagen und ebensolchen Kursen hören und lesen Sie heute sehr viel über Führen mit Visionen; und dies ist in der Tat ein Schlagwort, wie man führen kann. Denn bisher war es doch so: Im klassischen strategischen Management gab es nur Ziele, langfristige, mittelfristige und kurzfristige Ziele. Von diesen Zielen hat man dann Wege und Schritte abgeleitet. Auf diese Art und Weise können Sie große Ziele in der Regel immer in der halben Zeit erreichen. Ein langfristiges Ziel ist aber noch lange nicht die höchste Energieform, die es gibt. Die höchste Energieform – und es wäre schön, wenn wir damit führen könnten – ist Fanatismus. Denken Sie einmal an den Irak. Ein Mann läßt eine dreiminütige Rede pro Woche verlesen – die hat er nicht einmal selber geschrieben –, und das reicht aus, ein Volk so mit Energie zu versorgen, daß es die ganze Welt auf den Kopf stellen würde, wenn man es nur gelassen hätte. Natürlich ist es nicht legitim, im Management mit solchen Energieformen zu führen.

Die zweithöchste Energieform ist die Mission, ähnlich gefährlich, aber ungeheuer stark. Sie werden sich noch an diesen indischen Guru, diesen Bhagwan, erinnern, der vor gut drei Jahren gestorben ist. Dieser hat mit seiner Mission vom Leben im Hier und Jetzt mehr als nur eine Generation junger, begabter und reicher Leute so fasziniert, derart mit Energie versorgt, daß sie nicht nur ihr Vermögen abgeliefert, sondern ganz Europa mit Diskotheken überzogen haben – in jeder Großstadt gibt es eine Sannyasin-Diskothek; jede Diskothek ein Super-Profitcenter, und der gute Mann war sein Leben lang nie in einer Diskothek, weil er eine Geruchsallergie hatte. Es war auch gar nicht nötig. Wenn wir mit solchen Energien führen könnten, dann würde ein „Jour fixe" im Jahr genügen, und alles andere liefe von alleine. Aber auch die Mission ist natürlich nicht geeignet für so etwas Banales wie die Führung eines Hotels, eines Auto- oder Möbelhauses; da würde man mit Kanonen auf Spatzen schießen.

Die dritte Energieform, um die es sich bei uns dreht, ist die Vision. Die ist legitim, damit darf man führen, und es ist auch die einzige Möglichkeit, das einzige Instrument, mit dem Sie heute junge Leute überhaupt noch hinter dem Ofen hervorlocken können. Wenn Sie denen irgend etwas erzählen von Ihrem Kapitaldienst oder davon, was Sie alles für tolle quantitative Ziele haben, dann bleiben die immer noch cool. Es muß einfach eine Sinnvision über dem ganzen Unternehmen stehen, um junge Menschen überhaupt noch für den Beruf als Leistungssport zu begeistern. Sie können natürlich Leute für eine 38-Stunden-Woche haben, aber dann haben Sie keine Höchstleistung. Wenn Sie dies mit Fußball vergleichen, dann ist dies C-Liga und keine Bundesliga. Und Bundesliga geht nur, wenn eine Vision darübersteht; und daher kommt dann die hohe Produktivität.

Aus der Grabrede die Vision gewinnen

Die erste Aufgabe, die ein Unternehmer hat, ist es, seine persönliche Vision herauszufinden. In jedem einzelnen Menschen steckt eine einzigartige, unverwechselbare Vision, die er zuerst einmal ausgraben muß. In der Regel ist diese Vision verschüttet unter dem ganzen Geröll autoritärer Erziehung und linkshirnigen Schulsystems, so daß die meisten überhaupt nicht mehr wissen: „What makes me tick?" Neben den Folgen des Schulsystems wirkt dann häufig auch noch, daß junge Leute oft von den Älteren wie Rennpferde getrimmt worden sind: Du mußt diesen Laden übernehmen, weil er seit 300 Jahren in Familienbesitz ist. Also haben die noch weniger Chancen, überhaupt herauszufinden: „What makes me tick?"

Aber es gibt einen ganz einfachen Weg, diese Erkenntnis zu gewinnen: Klinken Sie sich ein Wochenende aus und schreiben Sie Ihre eigene Grabrede. Stellen Sie sich einmal vor, es wäre schon alles gelaufen; Sie sind 104 Jahre alt geworden und liegen in der Kiste; was möchten Sie denn in diesem Moment, was die Leute an Ihrem Grab über Sie erzählen? Aus den Antworten kommen vielleicht Ihre Lebensziele aus Ihnen heraus, und Ihre Lebensziele beinhalten automatisch auch Ihre Vision.

Ich kenne einen Schweizer Jesuitenpater, den ich sehr schätze. Er heißt Pater Ziegler, und den habe ich beim Bier nach einem Seminar einmal gefragt:

„Sag mal, Pater Ziegler, gibt's ein Leben nach dem Tode?"

Da sagt er zu mir:

„Wenn ich ehrlich bin, kann ich Dir nicht sagen, ob es ein Leben nach dem Tode gibt.
Aber eines kann ich Dir sagen: Es gibt eines vor dem Tode!"

Damit Sie gerade dieses Leben vor dem Tode nicht verpassen, sollten Sie in all Ihren Lebensbereichen zuerst einmal eruieren, wo

Sie überhaupt hinwollen. Dann können Sie davon immer kleinere Planungen abbrechen, so daß Sie auch größte Ziele spielerisch in der halben Zeit erreichen können.

Wenn Sie sich das deutsche Wort „Leben" genau anschauen und verkehrt herum buchstabieren, dann kommt das Wort „Nebel" heraus. Ich behaupte, dies kann kein Zufall sein, denn irgend etwas wird sich die Sprache dabei schon gedacht haben. Tatsächlich stochern halt viele im Nebel herum, egal, in welchem Alter. Sobald sich dieser Nebel gelichtet hat, sobald Sie klar sehen, können Sie alles erreichen, und alles um Sie herum wird so, wie es sein muß.

Sich den Zielen anpassen

Wenn Sie dann feststellen, daß Ihre Ziele in eine andere Richtung gehen als die Ihres Großvaters, dann müssten Sie sich vom Unternehmen trennen – es sei denn, Sie wollen mittelmäßig bleiben. Wenn Sie aber feststellen, daß beides einigermaßen parallel läuft, können Sie wiederum Ihren Erfolg nicht verhindern.

Es ist nur dann gefährlich, mit einer Vision zu führen, wenn diese keine Sinnvision ist. Ein Beispiel: Sie finden heraus, daß Sie am liebsten früh am Morgen vom Zehnmeterbrett in ein Schwimmbad hineinspringen, halbvoll mit nagelneuen Hundertmarkscheinen – also eine Vision à la Dagobert Duck. Möglicherweise brauchen Sie selber dann kaum noch Schlaf, weil Sie immer an das Schwimmbad denken können, wo noch Platz ist, sobald Sie die Augen aufmachen. Aber andere Leute, die können Sie damit nicht motivieren. Hierfür ist eine Sinnvision notwendig.

Ich kann Ihnen die Vision in meinem Unternehmen in drei Worten zusammenfassen: Freude, Freiheit und Harmonie.

Freude können Sie austauschen durch Spaß, durch Lust oder Vergnügen. Das zieht sich wie ein roter Faden durch das ganze Konzept. Freiheit können Sie austauschen vor allem durch Fehlerfreudigkeit, Selbständigkeit, hohe Entscheidungsspielräume, niemanden fragen zu müssen. Fehlerfreudigkeit – ganz wichtig – gehört hier hinein und ist natürlich nicht zu verwechseln mit Fehlerhäufigkeit.

Und Harmonie heißt vor allem Freundschaft, keinen Streit haben und 100 %ige Kooperation. Das ist die ganze Philosophie, wenn Sie so wollen.

Und die Aufgabe der Führungsmannschaft ist es, dieses Credo, dieses Glaubensbekenntnis, an unser Team zu vermitteln, so daß diese Vision wirklich jedem Lehrling und jedem Halbtageszimmermädchen klar ist. Dann passiert etwas ganz Verrücktes, indem sich plötzlich alles von alleine organisiert. Sie haben sich selber wegrationalisiert – Sie sind nicht mehr nötig.

Der Schriftsteller Saint-Exupéry hat in seinem Buch „Der kleine Prinz" sehr schön beschrieben, was ich damit meine:

> *„Willst Du ein Schiff bauen, so rufe nicht Menschen zusammen, um Pläne zu machen, Arbeit zu verteilen, Werkzeug zu holen und Holz zu schlagen, sondern lehre ihnen die Sehnsucht nach dem endlosen Meer. Dann bauen sie das Schiff von alleine."*

Saint-Exupéry zeigt Ihnen mit dem kleinen Prinzen nicht nur, wie nahe die Sterne sind, er lehrt auch Manager die faszinierende Wirkung, mit einer Vision zu führen.

Auch in Jan Carlzons Buch „Alles für den Kunden" findet sich eine entsprechende Geschichte. Carlzon beschreibt, wie er an einem Werktag im Wald spazierengeht. Er kommt plötzlich an einen Steinbruch. In diesem Steinbruch sind Menschen mit der dümmsten Arbeit beschäftigt, die es überhaupt gibt: mit Steineklopfen. Dementsprechend lang sind natürlich ihre Gesichter, und genauso lustlos klopfen sie vor sich hin.

Und jetzt ist einer dazwischen, der scheint neben der Mütze zu stehen, denn der klopft schneller und hat möglicherweise noch Spaß dabei – ganz pervers. Und dieser eine wird gefragt, was er macht. Er antwortet: Ich helfe mit, eine Kathedrale zu bauen.

Nun glauben viele Unternehmer, die Mitarbeiter seien nicht ganz so clever. Hier steckt eigentlich genau das drin, denn sie können nicht mehr Cleverneß ausleben, als Sie dies zulassen.

Fähigkeit zur Vision

Natürlich brauchen Sie auch Führungskräfte, die einer Vision fähig sind, die bereit sind, ihre eigenen Ziele zu suchen.

Ich habe solche, die haben schon Erfolg mit dem Grabrede-Wochenende. Und wenn das nicht reicht, dann gibt es spezielle Visionsfindungs-Seminare, welche Sie selbstverständlich auch selber besuchen können. Ich schicke meine Leute nach Zürich zum ZfU; das geht drei Tage und kostet SFr. 3 000.—. Die Seminare werden geleitet von einem amerikanischen Psychotherapeuten, einem Dr. Warschawski, und zwar in kleinen Gruppen von sechs bis acht Leuten. Und tatsächlich kommen meine Leute dann jeweils nach Hause mit zwei, drei Worten – und das ist es dann.

Ich habe bei jeder Führungskraft, die ich hingeschickt habe, natürlich gezittert, ob der nach SFr. 3 000.— zurückkommt mit strahlenden Augen und mir sagt: „Danke für das Seminar; ich mache die Fliege, denn jetzt weiß ich, was ich will!"

Es ist mir bis heute nicht passiert. Ich habe aber vorher jeweils durchaus damit gerechnet und habe es trotzdem gemacht, weil ich mir dachte: Wenn jemand noch diesen Nebel hat und nicht hundertprozentig weiß, wo er hinwill, so wird er bei mir auch immer nur mit 90 oder 93 % Power Leistung bringen können beziehungsweise Wirkung erzielen. Dann ist es besser, ich verliere ihn gleich, als daß er bei mir so vor sich hin plätschert.

Maßnahme-Denken als Krankheit

Zäumen Sie das Pferd nicht am Schwanz auf; zuerst die Vision suchen – das hat noch nichts mit Zeit zu tun –, dann die lang-, mittel- und kurzfristigen Unternehmensziele festlegen, und erst dann kommen die Konzepte. Ich kann keines dieser Konzepte isoliert betrachten, ob dies das Finanz-, das Marketing-, das Mitarbeiter- oder ein anderes Konzept ist – es hinge in der Luft. Man muß den ganzen Überbau – die Vision – bei jedem einzelnen Konzept immer dazu sehen.

Wir haben die Angewohnheit, immer sogleich in Maßnahmen zu denken, wenn etwas nicht in Ordnung ist. Geht bei einem Hotelbetrieb beispielsweise die Bettenbelegung zurück, so heißt es: Wir machen einen neuen Hausprospekt. Oder geht bei einer Bank in der Kleinkreditabteilung das Umsatzvolumen zurück, dann wird wieder ein Anzeigen-Friedhof bedient. Das ist Maßnahme-Denken.

99 % der Motivation in meinem Haus haben überhaupt nichts mit den Maßnahmen zu tun und auch nicht mit irgendwelchen Konzepten, sondern nur mit einer Vision und mit den sich daraus ergebenden klaren, gemeinsam erarbeiteten Zielen. Davon geht so viel Energie aus, daß Sie das bißchen Puderzucker – also die Leistungen, die Sie nachher für Ihre Mitarbeiter zusätzlich zum Üblichen erbringen – vergessen können. Es mag dann vielleicht Spaß machen, mit Puderzucker um sich zu schmeißen, aber es ist nicht besonders wichtig für die Motivation.

Die Sinn-Vision

Eine gute Vision muß zwei Dimensionen haben, jene des Sinnes und jene der Herausforderung.

Die des Sinnes ist ewig annäherbar. Bei der Herausforderung geht es um klare Ziele, weltliche, zeitliche und damit erreichbare Dinge. Fehlt eine dieser Dimensionen, dann hat die Vision auch nur die halbe Energie oder eben noch weniger.

Hierzu ein Beispiel: Wir haben als Kinder Comics gelesen – ich tue dies heute noch gerne – und kennen alle die Vision von Dagobert Duck. Er hat $-Zeichen in den Augen und nur die Dimension des Zeitlichen, des Erreichbaren. Seine Vision besteht darin, morgens um 9.00 Uhr vom Zehnmeterbrett in seinen Geldspeicher zu springen und sein Geldbad zu nehmen. Das versorgt ihn auch gut mit Energie. Weil aber jegliche Sinn-Dimension fehlt, kann er nicht einmal seinen nächsten Anverwandten hinter dem Ofen hervorlocken, den guten Donald Duck. Der sagt sich nämlich, wieso soll ich mich starkmachen bloß dafür, daß der Alte jeden Tag ein bißchen weicher fällt; das macht mir keinen Sinn.

Das gleiche passiert natürlich auch in Unternehmen; wenn Unternehmen den einzigen Zweck haben, viel Geld zu verdienen und irgendwelchen Investoren kräftig Renditen auszuzahlen, dann wird man dafür keinen Mitarbeiter begeistern können.

Das Geldverdienen ist für mich – ich übertreibe jetzt ein bißchen – ein Abfallprodukt, welches auch Sie nicht verhindern können, wenn Sie sonst alles richtig machen. Wenn Sie sich aber darauf konzentrieren, dann spüren es nicht nur die Mitarbeiter, sondern dann spürt es auch die „Kohle", und sie kommt nicht zu Ihnen. Es braucht beide Dimensionen, und mir persönlich ist die Dimension des Sinnes wichtiger als die andere.

Der Griff nach den Sternen

Ich gebe Ihnen noch zwei Einschränkungen zu bedenken, wenn Sie mit einer Vision führen wollen.

Jede Vision verliert ihre Macht, wenn sie verwirklicht ist. Die meisten Visionen sind einfach zu klein; die Leute trauen sich nicht, die Sterne vom Himmel herunterzuziehen und wirklich eine konkrete Utopie zu planen. Eine richtige Vision muß schon eine bestimmte Mindestgröße haben. Ist eine Vision erreicht, kann sie nicht länger treibende Kraft sein. Je weiter weg Sie die Vision von den Sternen plazieren, desto weniger Kraft lebt in ihr.

Damit Sie sich nicht allzu schnell in einem Glauben an die Unmöglichkeit verfangen, erzähle ich Ihnen kurz das Beispiel von der Hummel. Eine Hummel dürfte eigentlich gar nicht fliegen können. Sie können jeden Physiker und jeden Aeronautiker fragen, und die werden Ihnen das lückenlos, wissenschaftlich korrekt und für jeden Laien nachvollziehbar beweisen. Die Hummel ist viel zu dick, zu rund, hat ein Körpergewicht von 1,2 g, und dazu hat sie nur zwei unterentwickelte Flügelchen mit einer Gesamtfläche von bloß 0,75 Quadratzentimetern. Die kann nicht fliegen! Ja, Gott sei Dank weiß es die Hummel nicht – sie fliegt einfach.

Ist aber eine Vision so ehrgeizig, daß jeder beteiligte Mitarbeiter sieht, es ist keine Chance vorhanden, auch in zehn oder mehr Jahren jemals dahin zu kommen, dann fehlt die Kraft ebenfalls, und die Mitarbeiter kommen sich – auf gut bayrisch – ein bißchen „verarscht" vor.

Eine optimale Vision ist eine Balance zwischen Utopie und Realität, im Kern das gerade noch Machbare.

Und wenn Sie es genau so machen, wie ich es Ihnen bisher erzählt habe, sind Sie in einem Jahr pleite, denn dazu fehlt Ihnen der gesamte Keller. Der Keller ist Knochenarbeit – ohne Keller ist dieses

==Modell der Selbstorganisation nichts anderes als ein Chaos.== Ich sagte Ihnen zu Beginn, bei der Umsetzung des Modells müßten Sie in den ersten Jahren mehr arbeiten als bisher, und dies meine ich ernst.

Die Bedeutung der „Namensgebung"

Ich werde Ihnen einige Pfeiler meines Kellers kurz vorstellen, wobei ich natürlich in der kurzen Zeit, die mir zur Verfügung steht, keine Chance habe, Ihnen diese ausführlich zu schildern; da stecken zwei, vielleicht drei Jahre Arbeit dahinter.

Zu diesem Modell empfehle ich Ihnen zunächst drei Bücher von Thomas J. Peters:

– Auf der Suche nach Spitzenleistungen;
– Leistung aus Leidenschaft;
– Kreatives Chaos.

In diesen drei Büchern untersucht Tom Peters die Gemeinsamkeiten der zehn am besten geführten Unternehmen in den USA. Er will herausfinden, warum gerade diese Unternehmen wesentlich erfolgreicher sind als alle anderen.

Eine Gemeinsamkeit, die er sehr schnell herausfindet, ist die, daß es das Wort „Personal" in diesen zehn Unternehmen nicht gibt.

Personal ist ein Schimpfwort, ganz besonders in meiner Branche. Da gibt es noch den Personaleingang, den Personalfraß, die Personalkleidung, Personalnamensschilder, Personalbüros und den Personaldirektor – alles Überbleibsel aus der unternehmerischen Steinzeit, mit denen Sie keinen 20jährigen mehr hinter dem Ofen hervorlocken können.

Ein Unternehmen, die Walt Disney Production, hat sehr große Hotels in Kalifornien und Florida. Die sprechen von „Mitgliedern des Ensembles"; der Personaleingang heißt „Bühneneingang"; Sozialräume sind „Künstlergarderoben"; die Gehälter heißen „Gagen", und an der Tür des Direktors steht „Intendant". Das ist Spielkultur in gelebter Form. Da haben die Leute einfach Lust, hereinzugehen. Aber wenn jemand durch einen Personaleingang schleichen muß, dann hat er innerlich bereits gekündigt.

Natürlich ist es mit der Änderung der Bezeichnung alleine auch nicht getan; selbstverständlich müssen Sie nachher den Herrn oder die Dame vom vormaligen Personal nun auch als Mitarbeiter behandeln, ansonsten ist es immer noch besser, ehrlich zu bleiben.

Hierzu ein Beispiel: Das Palace in St. Moritz suchte kürzlich per Inserat eine „Etagengouvernante gesetzten Alters". Die wären wohl besser ehrlich gewesen und hätten gesagt, daß sie eine „alte Schachtel mit Haaren auf den Zähnen" suchen – und dieser halbe Weg muß natürlich auch schiefgehen.

Oben die Indianer – unten der Häuptling

Das nächste Buch ist sehr leicht zu lesen: „Alles für den Kunden" von Jan Carlzon.

Jan Carlzon wurde bereits mit 37 Jahren Präsident von Scandinavian Airways System und blieb bis heute der jüngste Präsident einer Airline aller Zeiten. Nach seinem Rezept gefragt, wie er es denn fertiggebracht habe, die bei seinem Antritt marode Firma in nur zwei Jahren zur Airline des Jahres zu machen, pflegte er sehr schnell zu erklären:

> „Ich habe eigentlich nichts anderes gemacht, als die bei Beginn angetroffene, hierarchische Pyramide abzuschaffen; als ich begann, war oben der Häuptling und unten die Indianer – mit anderen Worten war oben der Esel, und die unten kriegten keine Luft mehr."

Das Ergebnis ist, daß Sie kein Unten mehr haben und damit auch keine Befehlsempfänger mehr, sondern nur noch Mitunternehmer in allen Bereichen, die selbst entscheiden können.

Das geht bei mir im Hause so weit, daß ein Spüler eine Jahresprämie von DM 5 000.— hat, die abhängig ist vom nachzukaufenden Geschirr. Er ist Mitunternehmer im Bereich Geschirr; er hat ein Budget zum Nachkaufen von DM 10 000.— bis DM 15 000.— jährlich. Verbraucht er weniger, kriegt er die Prämie, verbraucht er mehr, so geht die Prämie zum Geschirrlieferanten – zweimal verteilen geht nicht. Sie sehen: ein ganz normales Unternehmertum, und dies mit 50 Leuten und bei Jan Carlzon mit wahrscheinlich 8 000 bis 10 000 Leuten.

Die Wirkung des eigenen Programms

Ich möchte einige Zitate von Tom Peters kurz kommentieren, die sehr drastisch sind:

„Jede Geschäftsleitung hat die Belegschaft, die sie verdient."

Haben Sie in Zukunft einmal die Aufgabe, den guten vom schlechten Unternehmer unterscheiden zu müssen, dann empfehle ich Ihnen irgendein „social event". Achten Sie beispielsweise einmal darauf, was die Leute im Rahmen eines klassischen „small talk" so sagen, wenn sie in Grüppchen und mit einem Schampus in der Hand zusammenstehen. Wenn Sie dann hören: „Meine Verkäufer verkaufen nichts, und außerdem sind sie schlampig, und keiner will mehr etwas arbeiten", dann können Sie mit hundertprozentiger Sicherheit davon ausgehen, daß Sie hundsmiserable Unternehmer vor sich haben. Wir in Bayern sagen: „Der Fisch stinkt am Kopf zuerst" – wo soll er sonst auch zu stinken anfangen?

Ein weiteres Originalzitat von Tom Peters:

„Glauben wir als Geschäftsleitung, unsere Mitarbeiter sind zu 75 % Leute, die stehlen, faul, schlecht qualifiziert und dumm sind, dann haben wir genau diesen Mitarbeiterstamm."

Und umgekehrt sagt er:

„Wenn wir überzeugt sind, daß 98 % unserer Belegschaft eine Superleistung bringen, einsatzfreudig sind und dem Unternehmen positiv gegenüberstehen, dann ist das Haus eben in Ordnung."

Es ist tatsächlich so einfach: Wir programmieren uns selbst. Wie ein Magnet ziehen Sie nur die besten Leute an, wenn Sie die Meinung haben, daß Sie einfach gut sind. Und wenn Sie das nicht fassen wollen, empfehle ich Ihnen eines der Seminare bei Farida Wolf im Giardino in Ascona.

Mir wird oft zum Vorwurf gemacht, daß so ein Modell nur in einem kleinen Haus funktionieren kann. Aber ich habe Gott sei Dank auch einen Satz von einem Großunternehmer gefunden, von Bob Hazard, Präsident der drittgrößten Hotelkette der Welt, der Quality International. Der Mann eröffnet alle 48 Stunden ein Hotel irgendwo auf der Welt und möchte erreichen, dies alle 24 Stunden zu tun. Er sagt:

„99 % of all employees want to do a good job. How they perform is simply a question of whom they work for."

Bedürfnisse der Mitarbeiter

Das nächste Puzzle-Steinchen: Wissen Sie denn überhaupt, was Ihre Mitarbeiter wollen?

Wenn Sie an die Studie von General Motors denken, so dreht sich unser Erfolg nur um die Menschen im Unternehmen, um die Mitarbeiter. Denn die Produkte sind austauschbar. Und austauschbare Produkte führen grundsätzlich in kürzester Zeit zu einer Rendite von Null und Minus – da können Sie darauf warten, das ist ein Naturgesetz!

Es geht immer um die Menschen, und die sogenannten selbständigen Unternehmer haben in den letzten 46 Jahren in dieser Hinsicht sehr, sehr wenig dazugelernt. Denn Marketing für Mitarbeiter ist nichts anderes als Angeln. Es gibt einen Angler, einen Köder und einen Fisch. Die eben gemeinten Unternehmer als Angler sagen sich seit 40 Jahren: Also mir schmeckt der Köder phantastisch, ich weiß nur nicht, warum der Fisch nicht anbeißt! Es nutzt halt nichts, weil der Köder dem Fisch schmecken muß und nicht dem Angler.

Vor 46 Jahren wurde zum ersten Mal eine Untersuchung gemacht mit sogenannten selbständigen Unternehmern. Man hat sie gefragt, wie die Hitliste der Mitarbeiter bezüglich ihrer zehn wichtigsten Bedürfnisse im Arbeitsleben ausschauen mag. Die gleiche Frage stellte man natürlich den Mitarbeitern. Die Ergebnisse haben weit auseinandergeklafft. Dann wurde 40 Jahre später, vor gut sechs Jahren, vom Institut für betriebliche Weiterbildung in Berlin die gleiche Umfrage noch einmal gemacht, und nach 40 Jahren haben die sogenannten selbständigen Unternehmer wieder genauso dumm gepunktet wie früher, haben also in 40 weiteren Angler-Jahren nichts dazugelernt. Die Unternehmer punkteten an erster Stelle das gute Einkommen, und als zweite Priorität unterstellten sie den Mitarbeitern, für diese seien gute Arbeitsbedingungen enorm wichtig: Alles falsch.

Wenn Sie sich heute die Tarifverhandlungen in Deutschland anschauen, wenn extrem Rechte und extrem Linke an einem Tisch sitzen, dann reden die nur über die zwei Sachen und haben keine Ahnung, was die Mitarbeiter haben wollen. Ich behaupte, daß die Gewerkschaften die Menschen heute krank machen. Die haben im Weberaufstand und in der Industrierevolution eine Existenzberechtigung gehabt. Heute wollen sie den Leuten einreden, die Woche sei nach 35 Stunden vorbei. Und nur darüber reden sie, weil sie nichts anderes wissen.

Anerkennung für gut geleistete Arbeit sei – so punkteten jedenfalls die befragten Führungskräfte – nur am neuntwichtigsten. Die sagten sich wohl wie im Fernsehen: „Geld oder Liebe – was willst Du? Beides geht nicht." Und an letzter Stelle setzten die Herren Unternehmer die genaue Kenntnis der Firmenzielsetzung.

1992 wurde ein Hotelier von der Jury des deutschen Fachverlages einstimmig zum Hotelier des Jahres gewählt, und zwar der Direktor des Düsseldorfer swissôtel. Die Wahl erfolgte wohl aus einem einzigen Grund: weil der arme Mann mit seinem Team zwei Jahre lang unter den Verkaufsgerüchten der Swissair leiden mußte. Es sind ihm alle abgesprungen, und er hat mit Mühe und Not immer wieder versucht, aufzubauen. Plötzlich war ihm klar: Auch ein Zimmermädchen ist sehr wohl daran interessiert, ob die Kiste morgen den Japanern gehört oder ob da langfristig etwas passiert, wo die Mitarbeiter Spaß daran haben können. Und auf diese Erkenntnis hat er reagiert.

„Hitliste" in meinem Betrieb

In meinem Unternehmen beschäftigt sich das Marketing-Konzept für Mitarbeiter mit nichts anderem als den ersten fünf Punkten dieser Hitliste, aber so, wie sie aus den Mitarbeiterbefragungen hervorgingen.

An erster Stelle punkteten die Mitarbeiter: Anerkennung für gut geleistete Arbeit. Solche Anerkennung kostet Sie keinen Pfennig. Sie kostet nur ein bißchen Hirnschmalz, ein bißchen Umdenken und für den einen oder anderen vielleicht ein Dale Carnegie-Seminar, damit er lernt, was eine positive Quittung bedeutet, falls er damit Probleme haben sollte. Wir ändern ja nichts so ungern wie unsere Gewohnheiten, auch wenn es schlechte Gewohnheiten sind.

An zweiter Stelle: genaue Kenntnis der Produkte und der Firmenzielsetzung. Die Mitarbeiter wollen an zweiter Stelle wissen:

What makes the company tick? Sie haben keine Lust, in irgendeinem Laden zu arbeiten, wo nicht klar ist, was in zehn, in 30 oder in 50 Jahren los sein soll. Sie wollen ganz genau die Zielsetzung, die Vision kennen, und sie wollen natürlich auch die Produkte ganz genau kennen, wo diese herkommen, wie sie hergestellt sind – die Mitarbeiter wollen alles wissen, weitab vom Geld.

An dritter Stelle: Eingehen auf private Sorgen. Wer hätte das gedacht? Vor 20 Jahren gab es noch den schlauen Spruch „Dienst ist Dienst, und Schnaps ist Schnaps". Bei manchen gibt es den heute noch. Damit ist kein Mitarbeiter im Unternehmen zu halten, denn wenn er ein privates Problem hat, dann möchte er, daß dies vom Unternehmen mitgelöst wird.

Und hier hat Tom Peters wieder eine Gemeinsamkeit der zehn besten Unternehmen herausgefunden: „Managing by walking around". In diesen Unternehmen laufen Führungskräfte durch die Firma und führen Privatgespräche, trinken hier einmal eine Tasse

Kaffee und dort einmal ein Mineralwasser und sagen: „Ah, Sie haben Kommunion in Ihrer Familie nächste Woche? Wie viele Leute haben Sie eingeladen? Reichen Ihnen überhaupt die Stühle? Nein, die reichen nicht, wollen Sie welche mitnehmen?" etc. etc. Wie kann der Mitarbeiter überhaupt private Probleme loswerden, wenn Sie keine Privatgespräche mit ihm führen?

Gutes Einkommen als After-shave

An vierter Stelle kam immer noch nicht das gute Einkommen, sondern der gesicherte Arbeitsplatz.

Und die Leistungen für den gesicherten Arbeitsplatz sind deren zwei. Einmal die totale Transparenz. Wie kann sich ein Mitarbeiter seines Arbeitsplatzes sicher sein, wenn er die Gewinne nicht einmal kennt?

Das zweite, was es braucht, sind regelmäßige und ehrliche Beurteilungen. Dabei sind Klarheit und Wahrheit unabdingbar. Ist die Beurteilung ehrlich gemeint und wertfrei, beurteilt sie nicht den Menschen, sondern dessen Wirken, dann verletzt sie ihn auch nicht. Ungerechtfertigte Abschwächung bis hin zur Heuchelei zieht nicht. Die wirkt beim besten schauspielerischen Talent auf die Dauer als Bumerang. Das ist so sicher wie der Erfolg bei sachgerechter Offenheit.

Sie sehen, daß bis hierher das Marketing-Konzept noch keinen Pfennig kostet. Und erst jetzt an fünfter Stelle kommt das gute Einkommen.

Das gute Einkommen ist ein Hygiene-Faktor, so etwas wie Aftershave oder wie eine Nachtcreme. Der eine braucht mehr davon und der andere weniger. Man geht einfach davon aus, daß das Einkommen stimmt. Sie können schlechte Unternehmer auch immer daran erkennen, daß sie, wenn sie gehört haben, ein Mitarbeiter trage sich mit dem Gedanken einer Kündigung, diesen sofort ins Büro bestellen. Sie setzen ihr Sonntagsgesicht auf und hauen ihm schnell ein wenig mehr After-shave um die Ohren, vielleicht zwei- oder dreihundert Mark. Und der Mitarbeiter geht dann hinaus und sagt: „Ja gut, dafür bleibe ich noch ein wenig." Der Unternehmer klopft sich auf die Schulter und hält sich für einen tollen Helden. Aber er hat das Problem bloß zugedeckt. Es wird nur kurze Zeit dauern, und das gleiche steht wieder an. Mit einem guten Einkommen allein können Sie niemanden dauerhaft halten.

In meiner Branche ist es natürlich klar, daß mit Tariflöhnen kein Blumentopf zu gewinnen ist. Meine Mitarbeiter bestimmen ihre Gehälter alle selbst, das heißt, wir zahlen nur Wunschgehälter. Ich habe überhaupt keinen Tarif im Haus; möglich, daß es im Teambüro einen gibt zum Ausrechnen der sozialen Hängematte – mich interessiert er hingegen nicht.

Die anderen Punkte, wie interessante Arbeit oder Loyalität gegenüber der Firma, sind nicht so wichtig. Interessant ist, daß die guten Arbeitsbedingungen erst an neunter Stelle stehen. Ich habe meine Küche in einem denkmalgeschützten Bauernhaus, wo ich weder an den Wänden noch an den Fenstern etwas verändern darf. Die Küche hat 27 qm und macht einen reinen Küchenumsatz von DM 4 Mio. Das sind hundsmiserable Arbeitsbedingungen, und doch habe ich bis heute keinen einzigen Mitarbeiter aus diesem Grunde verloren.

Interessant ist noch, daß „Höflichkeit der Führungskräfte" von den Mitarbeitern auch mit einigem Gewicht bewertet wurde. Dies ist vor allem bei den Konzernen zu beachten, wo die Führungskräfte als Hauptaufgabe ihre Titel spazierenführen, Assistant Manager und wie sie alle heißen mit ihren goldgerahmten Visitenkarten. An jeder Bar trinken sie einen Espresso ohne Berechnung und sind grob und saufrech. Das mögen die Mitarbeiter auch nicht so gerne.

Wenn Sie diese Hitliste berücksichtigen, dann haben Sie die Motivation bereits verdoppelt, und die Fluktuation dürfte sich bei Ihnen halbiert haben. Sie müssen nun Ihre Leistungen nur so kreieren, daß diese wie ein Deckel auf den Topf eines Bedürfnisses passen. Das ist das ganze Geheimnis von Marketing, übrigens auch bei den Gästen.

Schriftlichkeitsgrundsatz

Als nächstes braucht es jetzt eine ganze Reihe organisatorischer Voraussetzungen, die Sie einführen müssen. Dies ist ein weiterer Pfeiler im Keller Ihres Hauses, und ich gehe einige Maßnahmen kurz durch.

Ich beginne beim schriftlichen Denken. Bei uns gibt es kein „Management by Quasselstrippe" oder "... by Blabla", bei uns wird alles, was betrieblich veranlaßt wird, schriftlich verteilt; jeder Mitarbeiter hat sein eigenes Postfach, und so kann nichts verlorengehen oder vergessen werden; jeder hat seinen Kopf frei, und keiner braucht sich etwas zu merken.

Zeitkultur

Die zweite Grundvoraussetzung, die Sie schaffen müssen, ist die Einführung eines einheitlichen Zeitplansystems im gesamten Team, Aushilfen, Azubis und Halbtageskräfte mit einbezogen. Es wird nicht unterschieden, ob jemand „nur" Praktikant oder „nur" Azubi ist, sondern jeder im Team bekommt nicht nur ein einheitliches Zeitplanbuch (das alleine wäre hinausgeworfenes Geld), sondern zusätzlich ein Halbtagesseminar über Zeitplantechnik vermittelt.

Ich habe am Anfang die teuren Bücher verteilt, und alle haben es nur als Statussymbol unter dem Arm getragen, und auch nur dann, wenn sie mich gesehen haben. Jetzt machen wir es so, daß wir ein- bis zweimal im Jahr Seminare durchführen. Heute haben wir eine Zeitkultur im Haus; wenn jemand zwei Minuten zu spät kommt, tut es allen anderen körperlich weh. Ohne Zeitkultur geht gar nichts.

Die jederzeit prüfbare Philosophie

Das nächste, was wir haben müssen, ist eine schriftliche Unternehmensphilosophie. Die meisten Unternehmensphilosophien sind Streitkulturen à la James Bond. Da ist bereits festgeschrieben, daß jeder am Stuhl des anderen sägen darf.

Ich wollte meine mit „Stil- und Wagniskultur" benennen, doch meine Mitarbeiter haben mich zurückgepfiffen und meinten, das mit dem Wagnis würden wir besser weglassen.

Eine Unternehmensphilosophie ist ein ganz gefährliches Instrument. Wenn Sie das Ganze von einer Corporate Culture Agentur machen lassen, feinstes Design in Vierfarbendruck, dann ist es eben nur Design und kein Sein. Die Unternehmensphilosophie funktioniert nur, wenn es auch wirklich annähernd stimmt, was Sie da auf die Fahne schreiben. Nicht alles, aber 90 bis 92 % des Inhaltes müssen stimmen, sonst fliegt es Ihnen um die Ohren wie ein Bumerang. Lieber ganz darauf verzichten, als eine solche Meßlatte neben sich hinzustellen, über die der Verfasser dann dauernd stolpert, weil er nicht hinüberspringen will. Aber für eine echte Spitzenleistung ist das Verfassen einer möglichst wahren Unternehmensphilosophie Grundvoraussetzung. Dabei genügt es nicht, wenn Sie diese Philosophie im Kopf haben; sie muß zu Papier gebracht und jedem bekanntgemacht werden, der mit Ihnen zu tun hat. Wir haben eigens hierfür einen In-house-Ständer, und da gehen mehr Philosophien weg als Hausprospekte, weil die viel mehr über uns aussagen und damit viel interessanter sind. Und jeder Lieferant und unsere Bank kriegt sie zugeschickt, mit dem Ergebnis, daß mich bei Bauvorhaben noch nie eine Bank nach Sicherheiten gefragt hat.

Hierarchie auf dem Kopf

Das nächste, was Sie brauchen, ist eine Kleinigkeit: ein Organigramm. Aber stellen Sie das Organigramm wenigstens auf den Kopf! Gebrauchen Sie nicht das klassische, hierarchische, sondern schreiben Sie sich ganz unten hin und alle Mitarbeiter, die Kundenkontakt haben, ganz oben. Wir selbst haben inzwischen eigentlich vom Organigramm zum Netzwerk gewechselt.

Lustvolle Mitbewerberkontrollen

Weiter brauchen Sie bei Ihrem Keller-Bau ein System, das Ihnen regelmäßige akribische Konkurrenzanalysen Ihrer Mitbewerber sichert. Die sind mir so wichtig, daß ich sie anders nenne: Mitbewerberkontrollen.

Wir kontrollieren die Mitbewerber regelmäßig. Ich kenne den Cash-flow, den Wareneinsatz in Prozenten, die Fluktuation im Team, die Investitionstätigkeit – ich weiß alles.

Es gibt eine Vielzahl von Möglichkeiten, hinter diese Informationen zu kommen, wobei Sie natürlich bei sich selber beginnen müssen. So kommt bei uns einmal im Jahr ein Mystery-Man ins Hotel; den hole ich mir vom Schweizer Hotelierverein.

Er kommt mit seiner Familie zu uns, darf eine Woche umsonst Urlaub machen, und ich bekomme hinterher einen Bericht.

Ich erhalte nun auch regelmäßig ebensolche Berichte von den Betrieben meiner Mitbewerber. Ich habe die wichtigsten Mitbewerber unter den Mitarbeitern der Führungsmannschaft verteilt. Jeder hat ein Patenkind und kann dort auf unsere Kosten Spesen machen, soviel er will. Ist es ein Hotel, so soll er zweimal im Jahr dort übernachten; ist es ein Restaurant, so soll er drei- bis viermal jährlich dort essen. Natürlich immer zu zweit – denken Sie an unsere Vision: Es soll schließlich Spaß machen! Und auf diese Art und Weise kommen ganz tolle und wertvolle Konkurrenzanalysen im Laufe der Zeit zusammen.

Da werden Checklisten ausgefüllt. Das ist wie ein Puzzlespiel; da kommt ein Steinchen zum anderen. Im Laufe der Zeit haben Sie so ziemlich alle Informationen.

Profit aus Mängeln bei der Konkurrenz

Und jetzt kommt zu diesem betriebswirtschaftlichen Aspekt noch der Motivationsaspekt hinzu. Wenn Sie Ihre Mitarbeiter beauftragen, sich die Konkurrenten anzusehen, dann sehen die Mitarbeiter plötzlich die gleichen Fehler, wie sie im eigenen Betrieb passieren, aber mit den Augen des Gastes und nicht mehr betriebsblind mit den Augen an der Front im operativen Bereich. Jetzt kommen die Aha-Erlebnisse, so daß die Mitarbeiter sagen: „Mensch, jetzt sehe ich erst, was der „Buchbinder Wanninger-Effekt" ist; ich habe dort einen Tisch reserviert und wurde dreimal weiterverbunden. Bei mir passiert das ja auch!" Das Resultat ist, daß dieser Mitarbeiter ein Telefonseminar vorschlägt, um alle Mitarbeiter, die in die Nähe eines Telefones kommen, zu schulen. Bis dahin habe ich von alledem überhaupt nichts mitbekommen, bin aber schon im Besitze eines optimalen Vorschlages und einer Chance, den Betrieb zu verbessern, unsere Leistung zu steigern. Und der Mitarbeiter hat sein Erfolgserlebnis und kriegt als Dank von uns noch etwas dazu.

==Sehr viel an Innovationen in unserem Haus kommt daher, daß sich unsere Mitarbeiter mit den Konkurrenten beschäftigen.==

Was die Mitarbeiter an wichtigen Informationen bei ihren Besuchen nicht feststellen, liefern uns dann noch ehemalige Mitarbeiter und gemeinsame Lieferanten, mit denen natürlich auch geplaudert wird. Es ist ein Mosaik, das dazu führt, daß Sie letztlich im Markt agieren und nicht reagieren. Die Taschenlampen-Preispolitik – irgendwann nachts bei einem Konkurrenten schauen, was er für Preise hat –, die machen wir zwar auch, aber nur bei zwei bis drei politischen Preisen.

Ich kann mir vorstellen, daß es auch in Ihrer Branche politische Preise gibt. Und bei politischen Preisen sind wir natürlich immer günstiger als alle anderen. Bei uns sind davon vielleicht drei bis vier bestimmte Angebote betroffen, und diese drei bis vier politischen

Artikel entscheiden in der breiten Bevölkerung über Ihr Preis-Image. In Bayern ist dies das Bier, der Kinderteller und der Schweinebraten am Sonntag.

All dies kostet bei uns weniger als die Suppe unter der Woche, und damit haben wir ein volkstümliches Preis-Image – und bei all den anderen Dingen schaut kein Mensch hin, weil der Erlebniswert stimmt. Hungrig ist eh keiner, wenn er zum Essen kommt, und letztes Jahr war der Hit bei uns auf der Vorspeisenkarte „Carpaccio vom Täubchen". Da ist an der Taube schon nichts dran, und dann wird sie noch in hauchdünne Scheiben geschnitten!

Meine Hauptaufgabenliste

Die nächste Grundvoraussetzung, die Sie erfüllen müssen, ist das Besorgen von schriftlichen Hauptaufgabenlisten all Ihrer Mitarbeiter. Allerdings geben wir den Mitarbeitern nicht vor, was darin zu stehen hat, sondern der Mitarbeiter hat sechs Monate Zeit, mir ein solches Werk abzugeben. Die Liste muß handgeschrieben sein; denn da liegt viel mehr Energie drin, die ihm ermöglicht, seine Position mit Leben zu erfüllen, seine Position gemäß seinen wirklichen Stärken und Schwächen so zu umschreiben, wie er sie sieht. Ich gebe ihm überhaupt nichts vor, es sei denn, der Job wurde durch Fluktuation neu besetzt. Dann bekommt der Mitarbeiter natürlich die Liste des Vorgängers, sonst müßte ich ja den Urlaub abbrechen. Was er dann in sechs Monaten draus macht, bleibt ihm überlassen.

Ist in der Liste irgend etwas aufgeführt, was dem betreffenden Mitarbeiter keinen Spaß macht, dann kann er im Team hausieren gehen. Und ich habe wirklich die Erfahrung gemacht, daß es keine Aufgaben gibt – ich lasse jetzt mal die Spülküche aus –, wo nicht Menschen zu finden wären, die leuchtende Augen kriegen, wenn sie sie machen dürfen. Man muß nur lange genug suchen.

Meine Hauptaufgabenliste hat auf einer A4-Seite Platz und ist jedem im Haus bekannt. Ich lege sie auch regelmäßig in die Postfächer der Mitarbeiter.

Meine erste Hauptaufgabe: Analyse und Zielplanung, regelmäßige Analyse der Chancen des Unternehmens durch Anpassung des Stärken- und Schwächenprofiles unter Berücksichtigung der Mitbewerberkontrollen. Mein eigenes Stärken- und Schwächenprofil nützt überhaupt nichts, wenn ich nicht das meiner Mitbewerber beachte. Wann immer die etwas so machen, dann mache ich es anders; sonst ist es austauschbar und führt zu einer Rendite von Null.

Zielbestimmung

Die Entwicklung aller Ziele ist ebenfalls in meinem Bereich, wobei ich dies allerdings gemeinsam mit den Mitarbeitern tun muß. Das Ziel ist das einzige Orientierungsinstrument, das wir überhaupt haben. Ob Sie nun auf einem Super-Schnellboot oder in einem Ruderboot sitzen, das beste Navigationssystem nützt Ihnen nichts, wenn Sie nicht wissen, wo Sie hinwollen.

Bei einer russischen Philosophin habe ich einmal gelesen, es gäbe nur zwei Todsünden: zu wünschen, ohne zu handeln, und zu handeln ohne Ziel.

Beispiele gibt es viele. Ich kenne jemanden, den sehe ich alle paar Jahre anläßlich einer Small talk-Party. Der wünscht sich permanent, ohne zu handeln. Er erzählt am laufenden Band, träumt von einem weißen Haus am Mittelmeer, von einer eigenen Insel, und der kann sogar kreativ visualisieren. Zwei Jahre später erzählt er wieder, und ich hake nach: „Und jetzt, hast Du angefangen Geld anzusparen? Wie ist die Immobiliensituation dort? Bist Du überhaupt schon einmal hingefahren? Welche Insel möchtest Du denn?" – und dann kommt er mit dem „man"-Syndrom: „Man möchte ja gerne, aber unsereiner kann es sich ja nicht leisten!" Der wünscht sich, ohne zu handeln – Todsünde Nummer eins. Das Leben ist ein großes halbwarmes Buffet, und es ist alles drauf von Hummer bis Lachs; wer nur trockene Brötchen frißt, ist selber daran schuld.

Die zweite Todsünde: zu handeln ohne Ziel. Das sind die Fleißigen. Die sollten sich ein Schildchen um den Hals hängen:

Operative Hektik ist ein Zeichen geistiger Windstille!

Die handeln permanent. Die haben nie Zeit für sich. Stellen Sie sich vor, daß die da ihr Boot haben und immer in alle Richtungen handeln, aber nicht wissen, ob sie in St. Tropez oder in einem holländischen Rheinhafen anlegen wollen. Da springt doch die Bedeutung des Zieles jedermann sofort in die Augen.

Allerdings müssen Sie sich noch einen Hygiene-Filter zulegen, durch den Sie solche Ziele laufen lassen. Denn die Qualität dieser Ziele bestimmt die Qualität Ihrer Zukunft!

Qualitative Ziele

In unserer Arbeit unterscheiden wir zwischen quantitativen und qualitativen Zielen. Die quantitativen teilen wir in Umsätze, Gewinne und Investitionen ein. Bedenken Sie hier, daß es nicht ausreicht, wenn Sie einfach Gewinn planen. So können Sie kaum etwas erreichen, weil genau die Mark, um die das Konto nach Abfuhr aller Ausgaben noch glänzt, eben bereits Gewinn ist. Sie müssen die Zahlen festlegen.

Unterschätzen Sie nun die qualitativen Ziele nicht. Wir unterscheiden hier zwischen mitmenschlichen Zielen, Umweltzielen und Anerkennungszielen.

Mitmenschliche Ziele

Ein mitmenschliches Ziel war bei uns beispielsweise im letzten Jahr, daß die Mitarbeiter à la carte essen können. Dies bedeutet, daß die Mitarbeiter dasselbe essen wie die Gäste. Nur so ist es möglich, daß ein Azubi im ersten Lehrjahr zum Gast sagen kann: „Ich kann Ihnen einen ‚Loup de Mer' empfehlen – ich habe soeben selbst davon gegessen – es war ein Gedicht." Nur so bin ich endlich zu einem gesunden und menschlichen Gleichgewicht zwischen Gast und Mitarbeiter gekommen und konnte dieses devote Schimpansentum mit verbogenem Rückgrat abschaffen.

Heute haben wir uns zum Ziel gesetzt, Harmonie und Freundschaft in der Führungsmannschaft zu verwirklichen. Wir wollen bis 1995 diese Freundschaft unter allen Team-Mitgliedern erzielen, so daß wir 1997 als Opinion Leader im Soft-Management gelten, und zwar nicht nur in der Hotellerie und Gastronomie, sondern branchenübergreifend.

Ich habe jetzt schon die ersten Indizien, daß sich diese Wirklichkeit anbahnt, denn ich halte jetzt Seminare für Daimler Benz, für IBM und für andere Weltfirmen außerhalb der Gastronomie. Ich habe eines gelernt dabei: Die haben alle das gleiche Problem wie wir – Umgang mit Menschen und sonst gar nichts. Produkte sind alle unwesentlich.

Ford, der Autokönig, wurde einmal von einem Journalisten gefragt, welche Managerfähigkeit ihm denn die geldwerteste sei. Ford meinte, für den, der mit Mitarbeitern wirklich umgehen könne, zahle er jeden Preis.

Umweltziele

Umweltziele haben natürlich eine ganz, ganz große Bedeutung. Wir haben von einem Umweltspezialisten aus der Schweiz – Martin Volkhart, der mit seinem Hotel Ucliva in Waltensburg schon vor 15 Jahren den „sanften Tourismus" erfunden hat – ein Umweltkonzept über unser Haus erstellen lassen, 20 oder 30 Seiten dick. Und dieses Konzept liegt in den Händen unserer Lehrlinge. Die haben alle Kompetenzen und auch die dazugehörigen Budgets, dieses Umweltkonzept umzusetzen, und haben das auch bereits zu fast 90 % geschafft.

So gibt es bei uns nichts Abgepacktes mehr, nicht einmal mehr abgepackte Seife in den Hotelzimmern, die wir durch Seifenspender ersetzt haben. Es gibt bei uns vollständige Mülltrennung, wir kompostieren, etc., etc. In diesem Bereich lohnt es sich auch in anderen Branchen ganz generell, kreativ nach neuen Ideen zu forschen. Natürlich dürfen Sie die anderen Ziele nicht vergessen und müssen allfällige Maßnahmen sensibel auf ihre Feinpositionierung – ich komme darauf zurück – bezüglich der Frage anpassen, wen Sie mit Ihrer Leistung oder mit Ihrem Produkt ansprechen wollen.

Anerkennungsziele

Und ebenso sind Anerkennungsziele wichtig. Hätten wir uns nie zum Ziel gesetzt, das Hotel des Jahres zu werden, so wären wir dies auch nie geworden. Auch so etwas kann man planen. Und heute sind wir mutiger geworden und die Sterne nähergerückt: Wir wollen bis 1994 unsere Stammgäste süchtig gemacht haben auf unsere Leistungen. Erst wenn ich meine Vision gefunden habe, all die verschiedenfristigen Ziele gesetzt sind und jeder Mitarbeiter die Ergebnisse unserer minutiösen Planung aus der jeweils viertägigen Führungsmannschafts-Klausur schriftlich in den Händen hält, erst dann kann ich anfangen, in ein Konzept zu gehen. Wenn ich nun beispielsweise in ein Mitarbeiter- oder ein anderes Konzept einsteigen will, dann kann ich erst jetzt immer wieder alle Maßnahmen an den festgelegten Zielen und Vorgaben messen: Paßt die geplante Maßnahme zu meiner Zielsetzung? Ist es das, was ich will? Und so kann ich auch meinen Kompaß immer wieder korrigieren, um so schnell wie möglich dort hinzukommen, wo ich hinwill.

Stempel der 90er Jahre: Erlebniswerte

Jede Planung muß zur Grundlage die Realitäten der Zeit haben, wo Sie eine Planung angehen. Vergessen Sie dabei nicht:

Wer nicht mit der Zeit geht, geht mit der Zeit.

Verwenden Sie deshalb vor jeder Planung genügend Zeit, Ihre eigene Umgebung und die Umgebungen zu erkennen, die einen Bezug zu den Zielen haben, die Sie sich setzen wollen. All die wertvolle Energie, die von Visionen ausgeht, nutzt Ihnen nichts, wenn Sie fundamentale Vorgaben verkannt haben. So wird beispielsweise der Chirurg mit der perfektesten Planung ewig neben den Schuhen stehen, wenn er sich zum Ziel gesetzt hat, sich ausschließlich auf die Behandlung von Zeugen Jehovas zu spezialisieren.

Wenn Sie sich mit der aktuellen Zeit auseinandersetzen, so werden Sie erkennen, daß sich in den 90er Jahren alles oder fast alles um Erlebniswerte dreht. Wir gehen heute nicht in eine Boutique, weil wir frieren, sondern weil wir eine Einladung haben zur Vernissage. Mit einer Flasche Champagner in der Hand schauen wir uns die „Jungen Wilden" an, und wenn wir Lust haben, kaufen wir uns etwas davon, was es da zu kaufen gibt, nicht der Sache wegen, sondern weil's halt einfach stimmt. Also hat sich das Erlebnis durchgesetzt. Ich gebe Ihnen den Ratschlag, auch solche Umstände bei Ihrer Planung zu berücksichtigen, wenn man überhaupt von Ratschlägen reden darf, denn Ratschläge sind ja irgendwo auch Schläge.

Hautnahe Kontrollen

Weiter gehört zu meinem Bereich der permanente Soll-/Ist-Vergleich. Ich habe bei mir im Haus herkömmliches Controlling völlig abgeschafft, und dennoch haben wir zwei unbestechliche und äußerst unbequeme Kontrolleure: Der eine ist der Spiegel, den ich meinen Mitarbeitern dauernd hinhalte und welcher die Abweichung zwischen dem Ist-Zustand und jenem Plan zeigt, den sie selber gemacht haben, und der zweite Kontrolleur ist unser Kunde. Der hat immer recht! Und was immer er auch sagt, hat viel mehr Gewicht, als wenn es von mir kommt. Jedes Wort ist ernst zu nehmen, und es muß die Flexibilität so groß sein, daß sofortige Änderungen garantiert werden können. Mehr als 50 % aller Innovationen kommen vom Kunden bei uns im Haus; die anderen knapp 50 % sind von den Mitarbeitern initiiert.

Herkömmliches Controlling heißt nichts anderes als Führen an der Grenze zur Menschenverachtung. So nennt es Gert Gerken, und Tom Peters sagt: „A man is only trustworthy when you trust him" (der Mitarbeiter ist nur dann vertrauenswürdig, wenn Sie ihm vertrauen). Sagen Sie einem neuen Mitarbeiter: „Wenn ich Sie mal besser kenne, kriegen auch Sie einen Generalschlüssel" oder „Wenn Sie ein Jahr lang nicht gestohlen haben, kriegen Sie den Safeschlüssel", dann sind dies Späße, die heute nicht mehr funktionieren. Natürlich suche ich mir die Leute genau aus, mit denen ich „spielen" will. Es gibt bald 6 Mrd. Menschen auf der Welt, und 60 % davon dürften im erwerbsfähigen Alter sein, so daß ich unter über 3 Mrd. Spielkameraden die 52 aussuchen kann, die ich will. Natürlich investiere ich hier sehr viel Zeit und bin damit bereits bei meiner nächsten Hauptaufgabe: Auswahl, Führung, Motivation und Coaching aller Mitarbeiter, insbesondere natürlich der Führungsriege.

Volle Transparenz, Selbständigkeit und Innovation

Den nächsten Satz empfehle ich Ihnen nach drei Jahren zur Lektüre, wenn Sie das Modell voll umgesetzt haben: Demokratische Führung ist viel mehr als nur kooperativ sein; demokratische Führung ist Qualitätszirkelarbeit bei klaren Muß-Kriterien und voller Transparenz. Bei mir ist als Folge der Zustand eingetreten, daß mein Team außerhalb der Muß-Kriterien wie Umsatz, Wareneinsatz, Teamkosten oder Budgetierungen alles alleine entscheidet. Alle Ziele und alle wesentlichen Zahlen sind jedem bekannt; dies gilt für den Schuldenstand so gut wie für mein eigenes Gehalt. Und dann hat jede Abteilung ihren eigenen Qualitätszirkel, der freiwillig außerhalb der Arbeitszeit alle eigenen Probleme löst, ohne mich zu fragen. Das ist dann die Hohe Schule dieses Modelles, wenn Sie es umgesetzt haben.

Trends früh erkennen / Marketing-Mix

Weiter gehört zu meinem Bereich der Marketing-Mix. Da man heute mit langfristigen Marketingzielen nur noch einen Zeitraum von drei bis fünf Jahren meint, kommen Sie nicht darum herum, sich permanent damit zu beschäftigen. Ich habe ein Schild an meiner Bürotür hängen, auf dem steht: „Achtung, Kernzeit, bitte nicht stören!"

Dieses Schild hängt zwischen zwei bis vier Stunden am Tag an der Tür, wenn ich im Hause bin, und dann habe ich die Füße auf dem Schreibtisch und bin am „Hirnen", was ich im Marketing-Konzept ändern muß. Ich beschäftige mich derzeit mit Sylvester im Jahre 2000 – das wird ein Riesenreibach! In unserer kurzlebigen Zeit ist die Innovation ganz wichtig. In meiner Branche muß man alle zwei Jahre in die USA fahren und eine Studienreise machen, nur um die Trends frühzeitig zu erkennen. Jede Branche hat ihr eigenes Mekka. Wollen Sie Unternehmer bleiben, so dürfen Sie weder die Zeit noch die Kosten für das Flugticket scheuen.

Die nächste Aufgabe heißt bei mir: Kontakte schaffen und wertvolle Kontakte pflegen. Auch die Reihenfolge ist festgelegt: Zuerst kommen die Mitarbeiter, dann die Lieferanten, Nachbarn, Banken, Behörden und ganz zum Schluß einige wenige Gäste.

Ich bin nicht der Ansprechpartner für die Gäste. Jeder Bereich, jede Abteilung hat seinen Gastgeber oder seine Gastgeberin; die machen das ganz hervorragend. In meiner Branche glauben die meisten, sie müßten immer Männchen machen am Tisch mit Sprüchen wie „Ist alles in Ordnung?" oder „Schmeckt es Ihnen denn?", bis dem Gast der Bissen im Halse steckenbleibt wie bei Loriot.

Die letzte Hauptaufgabe ist die Familie mit der gleichen Priorität. Freizeit, Sport – der Ausgleich. Wo ein Yang ist, da muß ein Yin sein, sonst ist das Tao nicht im Gleichgewicht.

Sie sehen, in meiner Hauptaufgabenliste steht kein Wort von Gastronomie. Es spielt überhaupt keine Rolle, ob Sie Schnürsenkel verkaufen, Möbel, Ferrarizubehör oder Châteaubriands.

Schriftliches Marketingkonzept

Die letzte Hausaufgabe, die Sie machen müssen: Erarbeiten Sie sich ein klares, schriftliches Marketingkonzept.

Alleine darüber könnte man drei Tage reden. Die Zeit haben wir leider nicht. Normalerweise müßten Sie das eigene Unternehmen durchleuchten, genauso die Umwelt, die Mitbewerber, die Marktsituation und vor allem die Unternehmerpersönlichkeit; um dann ganz, ganz langsam bis in den Mix zu gelangen. Ich habe heute leider nur die Möglichkeit, ein bißchen in den Mix hineinzugehen, ein wenig von Leistungs-Mix und ein wenig von Kommunikations-Mix zu erzählen und Ihnen ein paar Highlights zu zeigen, die wichtig sind, beispielsweise für die Mitarbeitermotivation.

Geld für Werbung?

Mein Haus, der Schindlerhof, hat ein Werbebudget von null. Ich habe im ganzen Leben noch nie eine müde Mark in den Anzeigenfriedhof gesteckt, und ich weigere mich auch, selbst im Telefonbuch einen fetten Eintrag zu machen, weil der Geld kostet.

Werbung hat in meinen Augen nur eine einzige Legitimation – und das ist in der Tat ein Mega-Trend im Marketing und heißt Brandidentification, also eine Marke zu machen.

WK ist eine Marke in der Möbelbranche, aber das Möbelhaus XY wahrscheinlich keine. Also muß mein Rat an den Großteil der mittleren Möbelunternehmen sein, die Marke WK zu bewerben.

Dabei geht es nicht darum, daß ein Kunde mehr kommen würde. Wenn Sie in der Vogue ganzseitige Anzeigen von Steigenberger oder von Mercedes Benz lesen, dann wollen die nicht primär zu mehr Kunden kommen; dann geht es darum, diejenigen, die bereits gekauft haben, in der Überzeugung zu bestärken, daß sie es richtig gemacht haben. Es geht darum, eine Marke zu machen, wie Lacoste oder Rolex oder wie auch immer. Ich kann es mir als kleiner Mittelständler nicht leisten, aus einem Saftladen eine Marke zu machen, weshalb ich es besser ganz bleiben lasse.

In meiner Branche sieht die Werbung in der Regel so aus – bitte beachten Sie die Klarheit, die total scharfe Positionierung:

"Haben Sie es noch nicht gewußt?
Wir bieten fränkisch, international, warm, gepflegt, Bistro und mit Öko-Bier; und für Gesellschaften aller Art sind wir die richtige Adresse."

Die genannte Werbung ist eine eierlegende Wollmilchsau, und wer so wirbt, der muß sich tatsächlich darüber freuen, wenn überhaupt jemand kommt. Ich kann Ihnen sagen, daß nicht nur Ihre Kollegen inzwischen wissen, welche Werbung Sie nötig haben, sondern auch die Kunden. Und die Insider machen grundsätzlich keine Werbung, es sei denn – und nur die, die es sich leisten können –, um eine Marke zu schaffen.

In-house-Promotion

Zum nächsten Instrument, zur Verkaufsförderung. Die Verkaufsförderung habe ich bei mir reduziert auf In-house-Promotion. Die markanteste Abgrenzung zur Werbung liegt darin, daß sich die Werbung immer an Fremde richtet; ich weiß nicht, wer ein Inserat liest. Möglicherweise nehmen es die falschen Leute zur Kenntnis, vielleicht irgendein Motorrad-Club, der dann am langen Samstag kommt.

Verkaufsförderung richtet sich nur an Leute, die Sie persönlich kennen, und trotzdem habe ich Verkaufsförderung reduziert auf In-house-Promotion, das heißt, ich mache im ganzen Haus an verschiedenen Plätzen auf andere Leistungsbereiche aufmerksam. So hängt im Aufzug das Restaurant, im Schwimmbad die Bankettabteilung, und in der Tagungsabteilung sind die Zimmer. Das ist In-house-Promotion, und ich halte nichts von diesen schleimigen Briefen, die Sie allesamt täglich bekommen und vor allem zum Geburtstag. Da haben Sie mit jemandem für DM 3.50 ein Geschäft gemacht, und der schleimt sich dann aus mit irgendwelchen herzlichsten Geburtstagsgrüßen, und oben drüber steht „Sehr geehrte Frau GmbH". So werden die PCs häufig benutzt. Wenn Sie Verkaufsförderung auf diese Art und Weise betreiben wollen, dann kann ich es nur empfehlen, wenn Sie es handschriftlich und an ganz, ganz wenige und ausgewählte Kunden gerichtet tun.

Hauptaugenmerk auf PR

Unser Haus konzentriert sich heute auf die Öffentlichkeitsarbeit. Vor sechs Jahren haben Kommunikationsspezialisten gesagt, das wichtigste Instrument sei die Werbung, gefolgt von der Verkaufsförderung und zuletzt von der Öffentlichkeitsarbeit. Heute ist es genau umgekehrt: Das wichtigste Instrument ist die Öffentlichkeitsarbeit.

Ich selbst kann es nicht fassen, was wir über dieses Instrument permanent erreichen: Ich hatte sechs Seiten im Managermagazin, und die entsprachen einem Werbewert von DM 250 000.—, was ich mir gar nie hätte leisten können. In der gleichen Ausgabe waren drei unauffällige Drittelseiten von meinen Mitbewerbern in Nürnberg, die schwer Kohle dafür geblecht haben, während die sechs Seiten natürlich von jedem zur Kenntnis genommen werden mußten.

Wir hatten drei Minuten in der Fernsehsendung WISO, und mir haben die Redakteure gesagt, daß dies einem Werbewert von über DM 1 Mio. entspräche. Unser letzter Erfolg ist ein Brief von Roman Antonoff, dem Papst im CI-Bereich, welcher mir mitteilte, daß ich mit meinem Bauernladen und den 50 Mitarbeitern der einzige Laden sei, der seit 1984 in der Gastronomie überhaupt die Ehre erhalten hat, in seinen CI-Report aufgenommen zu werden. Vor mir war nur einmal Steigenberger dran, es sind lediglich zwölf Unternehmen in Deutschland, die da 'reinkommen.

Ich investierte in die Öffentlichkeitsarbeit anfänglich DM 2 500.— im Monat, und heute sind es DM 5 000.—, die an eine Profi-Agentur fließen; mit dieser bestehen ganz klare Absprachen, wo ich wann in welchen Abständen erscheinen will. In der Fachpresse mache ich meine Veröffentlichungen nur, um an die besten Mitarbeiter der gesamten Branche heranzukommen. Die Kollegen meinen immer, der macht es, um sich unbeliebt zu machen, aber meine Kollegen interessieren mich dabei nicht, sondern nur der Mitarbeiter.

Die Publikumspresse suchen wir ganz gezielt danach aus, daß auch die richtigen Leute zu uns kommen. Was man mit dem Instrument „Öffentlichkeitsarbeit" machen kann, ist ungeheuer.

Ich garantiere: Rabatt gibt es keinen

Der nächste Bereich ist der Preis. Wir haben herausgefunden, daß wir vor Steuern 20 % Gewinn machen in unserer Branche. Und wenn ich einem Gast 10 % Rabatt einräume, dann gebe ich ihm 50 % meines Gewinns; räume ich 15 % Rabatt ein, gebe ich ihm bereits 75 % meines Gewinns, und wenn ich ihm 20 % Rabatt gebe, wechsle ich nur noch Geld. Und der wichtigste Grundsatz im Marketing, der lautet seit den 20er Jahren:

„There is no marketing but marketing for profit."

Ich habe keine Lust, Marketing zu machen und dabei Geld zu wechseln, und das auch noch auf dem Rücken meiner Mitarbeiter. Ich habe einen Preis für alle. Ich hatte den Mut, dies im Juli vorletzten Jahres einzuführen, und obwohl ich vorher etwas zitterte, hat es sich gelohnt. An jeder Stelle des Hauses, an der ein Preisgespräch stattfinden könnte, hängt eine gerahmte Urkunde mit Siegel und Unterschrift:

„Wir garantieren Ihnen: Niemand bekommt unsere Gastfreundschaft und unsere Leistungen zu einem anderen Preis als Sie."

Damit habe ich insgesamt zwei oder drei Preisfreaks verloren. Einer hat wörtlich gesagt, er komme nicht mehr, weil er ein Preisfreak sei. Mit dem habe ich aber nichts verloren. Alle anderen haben eigentlich dasselbe gesagt wie Sie, wenn Sie sich einen neuen Daimler kaufen: Solange alle den gleichen Preis zahlen, ist es eben so. Ich handle immer dann mit einem Unternehmer, wenn ich sicher bin, daß es noch andere Preise gibt, und ich keine Lust habe, mehr zu bezahlen als jemand anders.

Die Firma Jaguar hat mit Prozenten früher um sich geschmissen; ich habe nie einen unter 14 % Rabatt gekauft, und jetzt haben sie das gleiche System eingeführt wie Daimler, und ich habe halt nur noch 3 % Skonto bekommen. Ich habe mich überhaupt nicht geärgert und kam mir nicht mehr – wie vorher – wie bei einem armenischen Pferdehändler vor.

Selbstverständlich ist auf allen Prospekten und Preislisten diese Preisgarantie bei uns aufgedruckt. Das hat den Vorteil, daß wir alle Zeitdiebe vom Haus fernhalten, denn die Leute, die bei einer Hochzeit oder Tagung mit mir Tau ziehen wollen, die sollen mein Angebot gleich wegwerfen.

Dies auf andere Branchen zu übertragen, ist sehr einfach. Sie dürfen mir glauben, daß in meiner Branche die Preisgestaltung wesentlich krimineller als in den meisten anderen ist.

Steigenberger hat zum Beispiel elf Hotelpreise, Interconti hat mindestens deren 20, und wann immer Sie in so einer Konzernkiste übernachten und früh zwischen 7.00 und 8.00 Uhr auschecken, so empfehle ich Ihnen, mitten in der Warteschlange hinzuhorchen, bis vorne einer Philipps oder Siemens sagt, und wer am wenigsten zahlt, dessen Firmennamen brauchen Sie dann auch nur zu nennen, und dann zahlen Sie DM 98.—; und der arme Kerl, der eine Autopanne hatte am Abend vorher und mit seinen Koffern verschwitzt und ölverschmiert hereinläuft, der zahlt hier DM 400.— die Nacht ohne Frühstück. Natürlich war das nicht gerade ein Kinderspiel, dieses Preistheater wegzukriegen, aber es erforderte letztlich nur ein bißchen Mut und mehr nicht. ==Voraussetzung ist dabei natürlich, daß Ihre Leistungen nicht austauschbar sind, und das sind sie dann nicht, wenn die menschliche Komponente, der Software-Teil, überwiegt.== Denn der Hardware-Teil ist überall der gleiche. Wenn Sie das mit den richtigen Mitarbeitern umsetzen, dann ist Ihr Preis kein Thema mehr. Und überdies haben Sie dann für Ihre Mitarbeiter auch mehr zu verteilen.

Die manische Spezialisierung in der Nische

Ganz wichtig ist das Instrument Leistung im Marketingkonzept. Sie kommen nicht darum herum, als Ziel Ihrer Strategie die Schaffung von Wettbewerbsvorteilen durch Einzigartigkeit zu setzen. In unserem Tagungszentrum hieß dies z. B., sich von den multifunktionalen Räumen zu verabschieden. Buche ich um 11.00 Uhr einen Business-Lunch und im gleichen Raum um 14.00 Uhr eine Beerdigung, um den Tag mit einer Hochzeitsgesellschaft zu beenden, verkommt unser Haus bald zum Kondolenz-Betrieb. Mittelmaß ist garantiert, und Spaß macht es auch keinen.

So haben wir die wenigen Bereiche, die wir haben, manisch spezialisiert. Wir leben in einem Zeitalter der manischen Spezialisierung, und ich möchte Ihnen dies einmal ganz drastisch vor Augen führen:

Wenn Sie sich vor fünf Jahren Turnschuhe gekauft haben, sind Sie in ein Sportgeschäft gegangen und haben ein Paar Turnschuhe verlangt. Die Verkäuferin fragte Sie dann: „Die niedrigen, also die Tennisschuhe, oder die hohen, die Basketballschuhe?" Mehr gab es nicht.

Heute sind Sie „in", marketing-orientiert und von Special-Interest-Magazinen nur so überhäuft. Sie sagen von vornherein: Ich möchte Spezialschuhe für Jogging.

Und trotzdem schaut Sie die Verkäuferin an wie ein Mondkalb und fragt: „Joggen Sie auf Asphalt, auf nasser Wiese, auf Waldboden oder auf Kopfsteinpflaster?"

Und wenn Sie sich heute diese Jogging-Spezialschuhe in den USA kaufen, dann fragt Sie die Verkäuferin noch: „Möchten Sie im Oberleder eine Klarsichtstelle, damit Sie Ihre eigenen Blasen sehen können?"

Ein bißchen Auto für möglichst viele

Das Zeitalter der manischen Spezialisierung macht vor keiner Branche halt. Wenn Sie eine eierlegende Wollmilchsau sind, dann ist es wie DDR-Marketing früher: ein bißchen Auto für möglichst viele. Sie können dazu auch Spagat-Marketing sagen. Die andere Seite aber – und dort müßten Sie sich einnisten –, die ist eben spitz statt breit: sehr viele Leistungen für eine ganz spezielle Problemlösung.

Zuerst müssen Sie diese Taktik entwickeln, diese Idee haben, und dann kommt die Strategie als zweites; die Taktik als Nagel, die Strategie als Hammer.

Dann ist die Spezialisierung noch aus einem zweiten Grund sehr wichtig. Die Freaks im Marketing können dies bei Michael Porter nachlesen: Wettbewerbstrategien. Der Michael Porter hat herausgefunden, daß zwischen Rendite und Marktanteil ein ganz merkwürdiges Verhältnis besteht. Glaubte man früher noch, wenn der Marktanteil größer werde, nehme auch die Rendite zu, so verhält es sich in Wirklichkeit anders. Wenn der Marktanteil sehr gering ist, kann die Rendite sehr hoch sein; erst wenn der Marktanteil wieder sehr hoch ist, kann auch die Rendite wieder entsprechend steigen. Dazwischen ist ein Jammertal von Unternehmern. Michael Porter spricht von „zwischen Stuhl und Bank". Links ist die Nische mit hoher Spezialisierung und auf der anderen Seite die Kostenführerschaft wie C & A im Kleidermarkt. Und ein mittelständischer Unternehmer hat heute nicht die geringste Chance, sich zum Kostenführer zu machen.

Beispiel unserer Einzigartigkeit

Ich sehe die Chance des Mittelstandes nur in der manischen Spezialisierung, in der Nische, denn da wird erst richtig Geld verdient. Ich möchte Ihnen als Beispiel dazu kurz von unserem Haus erzählen.

Stellen Sie sich einmal vor, Herr Duden checkt als Seminarleiter um 17.00 Uhr bei mir ein. Als erstes erhält er an der Rezeption ein Glas Sekt angeboten oder (im Dezember) Glühwein oder Eistee oder Sherry. Wenn wir ihn nach diesem Willkommensgruß dann auf sein Zimmer begleiten, so erklären wir ihm nicht, welche Tür in das Badezimmer führt und wo die Lichtschalter sind; das findet nämlich ein Schimpanse nach zwei Minuten. Nein, wir sagen ihm: „Die Teppichböden sind von Missoni, die Tapeten von Rubelli, die Badezimmerfliesen von Laura Biagotti, das Entertainment-Center von Grundig." Selbstverständlich hat jedes Hotelzimmer Stereoanlage, getrennte Lautsprecher, CD-Player, sechs CDs im Ständer – abgestimmt auf die Marktsegmente.

Da Herr Duden Trainer ist, bekommt er natürlich ein spezielles Zimmer. Da steht dann der Quadrondo von Rosenthal mittendrin. Dann erklären wir ihm, daß er in diesem Raum auch mit einer Gruppe von sechs Personen tagen kann. Er hat einen Laptop-Arbeitsplatz in der richtigen Höhe. Er kann mit Laptop on-line über das Telefon gehen, dann hat er natürlich noch einen normalen Arbeitsplatz zusätzlich.

Jetzt will sich Herr Duden auf den Vortrag vorbereiten und stellt fest, daß ihm ein Papier fehlt. Er ruft in der Firma an und läßt es sich faxen (neben dem Bett steht das Fax-Gerät). Dann geht er an seinen Moderatoren-Koffer und holt sich Folien heraus. Er hat einen kleinen Canon-Kopierer im Zimmer stehen und kopiert sich seine Folie selbst, um sich nachher zu überlegen, ob er sich ein Hardrock-Konzert 'reinzieht oder ob er sich lieber einen Spielfilm anschauen will, denn jedes unserer Farbfernsehgeräte hat ein eingebautes Video. Natürlich muß er sich selber entscheiden, ob er anhand der Videothek-Liste im Zimmer oder aber bei der kleinen Videothek in der Rezeption direkt auswählen will. – Das ist manische Spezialisierung!

Unsere Tagungswelt

Will Herr Duden dann am nächsten Tag um 9.00 Uhr mit seiner Tagung beginnen, dann sagen wir ihm, daß zuerst wir dran sind, und erklären seinen Teilnehmern unsere Tagungswelt:

Das beginnt mit dem Farbkonzept von Goethe. Der alte Herr von Goethe hat vor 160 Jahren bereits Energiefarben, also aktive Farben, von toten, passiven Farben unterschieden. In den Tagungsräumen finden sich deshalb bei uns nur Energiefarben. Die Basisenergiefarbe ist ein rotstichiges Gelb. Dann wechseln wir 8 bis 10 qm Farbtafeln ein, dreimal täglich. Früh um 9.00 Uhr steht alles auf Dunkelgrün, einer beruhigenden passiven Farbe; die Leute sind ohnehin fit, so daß ich diese Farbspannung nicht noch übertreiben muß.

Nach der Mittagspause provozieren wir mit der zweitstärksten Energiefarbe, nämlich Orange, und nach der Nachmittags-Kaffeepause pressen wir die letzte Energie aus diesen Teilnehmern noch heraus, indem wir mit der stärksten Farb-Munition kommen, die es gibt: mit Karminrot.

Die Architektur ist wie in einer Waldorfschule. Das Gebäude hat keine Ecken, und alles ist abgerundet. Es steht überdies auf der Nord-Süd-Achse.

Dann sind die Räume beduftet, also Homöopathie für die Nase, ätherische Öle, die wir in die Räume einbringen. Am Vormittag verwenden wir Kompositionen, die konzentrationsfördernd wirken. In der Mittagspause wird gelüftet. Die Essenzen des Nachmittages sind wieder eher stimulierend und gegen die Müdigkeit ausgerichtet.

Dann läuft permanent Musik, auch wenn ganztägig jemand doziert. Geruch wie Musik sind bereits nach zehn Minuten durch das Bewußtsein gar nicht mehr wahrnehmbar, aber gleichwohl den ganzen Tag präsent – Stichwort Super-Learning /Alphawellen.

Man kann also in diesen Kathedralen des Lernens nur eines: nämlich arbeiten, und man kann dort keinen Leberkäse essen. Der Tagungsraum unseres Kreativzentrums hat ein Ziel: Wenn Sie da 'reingehen, soll es Ihnen schon fast automatisch den Stift aus der Tasche ziehen, so daß Sie nur noch Lust haben, mit Freude zu arbeiten.

Und selbstverständlich gibt es ein permanent besetztes Tagungssekretariat, wo zwei junge Damen nur darauf warten, dem Trainer um den Hals zu fallen, wenn er etwas braucht.

Das ist manische Spezialisierung. Die funktioniert natürlich nicht nach Methoden, die man früher angewandt hat.

Feinpositionierung

Die manische Spezialisierung bedingt, daß Sie genau erforschen und glasklar festlegen, für wen Sie Ihre Leistung erbringen oder wer mit Ihrem Produkt glücklich werden soll.

Wir haben uns überlegt: Was wären denn die einzelnen Unternehmensbereiche, wenn diese ein Auto wären? Und ich empfehle allen, sich diese Frage einmal zu stellen. Wäre es ein Porsche, ein Mercedes oder ein Opel? Interessant ist auch, wenn Sie das gleiche Ihre Mitarbeiter fragen. Haben Sie sich nämlich für Aston Martin, Jahrgang 58, entschieden, und die Mitarbeiter sagen, es sei ein Hyundai, dann ist irgend etwas nicht in Ordnung.

Wir haben dies auch schon mit einer Fernsehsendung oder mit Büchern gespielt. Entschieden haben wir uns dann für Blumen, weil wir uns damit besonders leicht erklären können. Unser Kreativzentrum wurde zur Sonnenblume. Darin steckt gesundes Bauen, Ökologie, darin stecken Naturfarben und gesunde Ernährung. Da steckt auch ein bißchen Esoterik mit drin, viel Energie, Wärme und die für uns so markante Ganzheitlichkeit.

Und jetzt mache ich die Feinpositionierung gegenüber dem Kunden. Im Tagungsbereich kamen wir auf einen schlichten Satz:

„Bei uns gehen die Meinungsmacher Deutschlands ein und aus."

Hierin findet sich sowohl ein sachliches Argument (wenn die Maßnahmen nachher entsprechend getroffen werden) als auch „Bauch", das Emotionale, was nicht fehlen darf.

Und eine solche Positionierung hat Riesenauswirkungen später auf Ihre Maßnahmen. Ich gebe Ihnen zwei Beispiele:

– Bei uns klingelt das Telefon an der Rezeption. Es ist ein Azubi dran im zweiten Lehrjahr. Jetzt sagt der Anrufer:

„Ich möchte bei Ihnen fünf Tagungen à drei Tage für 1993 buchen."

Daraufhin würde sich der Azubi etwa so äußern:

„Das kann ich leider nicht annehmen; da muß ich Sie schon persönlich kennenlernen. Darf ich Sie zum Essen einladen?"

Wir nehmen nicht von wildfremden Leuten 15 Tagungstage an.

– Wieder will jemand eine Tagung buchen. Dann sagen wir ihm:

„Welche Tagungsstelle hat uns denn empfohlen? Wie kommen Sie auf uns? Was ist denn das Sujet Ihres Seminars?"

Und jetzt sagt uns der Anrufer:

„Ich möchte Kräuterbitter verkaufen." Oder: *„Ich möchte bei Ihnen Bewerbungsgespräche führen, um eine Drückerkolonne zusammenzustellen, die den Leuten das ‚Goldene Blatt' an der Tür verkauft."*

Der könnte auch noch einige Scheine dazugeben – wir sagen: Nein! – weil wir uns alles damit kaputtmachen können.

Die Positionierung hat zum Ziel, klarzustellen, für wen man denn eigentlich dasein will. Und das entscheiden Sie – und sonst niemand. Sie können sich, um beim Auto zu bleiben, auch für eine Ente entscheiden und sich mit dem 68er Spruch „Trau keinem über 30" feinpositionieren; aber verriegeln Sie dann um Gottes willen sofort die Tür, wenn einer mit dem rotköpfigen Boliden aus Italien vorfährt, dessen Fahrzeug Ihnen den Spesenritterduft in die Rezeption heult, bevor es richtig um die Ecke gebogen ist.

Wie auch immer, aber entscheiden Sie sich. Und jede einzelne Maßnahme, die Sie nachher treffen, muß von diesem Entscheid geprägt sein.

Endlichkeit der Einzigartigkeit

Jedes Produkt, jede Marke hat eine Lebenslinie. Auch Maggi oder Coca Cola bleiben nicht verschont von einer solchen Lebenslinie. Bei Coca Cola ist halt die Linie in der Reifephase einmal sehr lange oben geblieben, aber dann ist sie abgeknickt, und sie mußten etwas Neuem nachleben. Cola Light, Classic Coke und alles Mögliche, weil das eine nicht mehr ausgereicht hat.

Der Lebenszyklus eines Produktes, einer Marke oder auch einer verwirklichten Idee, wenn Sie so wollen, besteht immer aus vier Abteilungen:

1. Markteinführung
2. Wachstumsphase
3. Reifephase
4. Abstiegsphase

Und wenn wir mit einem Unternehmensbereich, mit einem Produkt in der Reifephase sind, dann hirnen wir – wenn's sein muß, wochenlang vor der Planung schon – darüber nach, wie wir die nächste Welle auslösen können. Wenn ich jetzt in der Reifephase nicht für einen Relanch sorge, sondern warte, bis ich in die Abstiegsphase komme, dann ist der Schwung hin zum point of no return nicht mehr aufzuhalten.

Das heißt im Klartext: Ich kann eine „cash cow" nicht nur melken, bis bloß noch Magermilch kommt, und glauben, ich könnte aus der Kiste dann noch etwas machen.

Das ist in der Schweiz einigen Kollegen passiert. Die haben abgerahmt, solange es ging, und jetzt müssen sie den ersten Stock als Aparthotel verkaufen, um die Kosten der Renovation der Eingangshalle berappen zu können. Keine Ausnahme übrigens.

Remount mit In-house-Promotion

Den Remount, den machen wir ohne externe Verkaufsförderung oder Werbung, und verkaufen tun wir schon gar nicht, sondern wir helfen uns einzig und allein mit In-house-Promotion.

Ich behaupte, das Hotel, welches für sich einen Treppen-Terrier beschäftigen muß – sprich: einen Verkäufer, welcher auf der internationalen „Linker"-Börse in Berlin, dem World Travel Market, die großen Spesen macht und für die Preisnachlässe sorgt –, dieses Hotel soll sich einmal die eigenen Leistungen anschauen, dann bräuchten sie den Treppen-Terrier nämlich nicht mehr. Wir sind im Verkäufermarkt – wir teilen zu, das ist der Unterschied. Wir agieren.

Natürlich dürfen Sie auch da wiederum nicht knauserig sein. Das Unternehmen ist dazu da, die erwirtschafteten Gewinne soweit wie möglich auch wieder hineinfließen zu lassen.

Geld ist wie Mist: Es kann nur etwas bringen, wenn's auf den Acker herauskommt. Nur dann kann etwas daraus entstehen, und nicht, wenn ich draufsitze wie die Glucke auf den Eiern.

Bei uns herrscht die Regel, daß jedes Jahr 4 % vom Netto-Umsatz reinvestiert werden. Damit können Sie schon einiges anfangen. Wird in einem größeren Bereich ein Remount notwendig, statte ich meinem Banker einen Besuch ab. Hat der die Unterlagen, die er schließlich laufend aus unserem Hause erhalten hat, auch wirklich gelesen, dann brauche ich gar nicht zu sagen, weshalb ich hier bin, und er wird nur noch fragen, wie hoch der Betrag ist.

Vergessen Sie das Herzblut nicht

Thomas Peters sagt, wir sollen Leidenschaften entwickeln für möglichst unkopierbare Dinge:

„A passion for the little uncopiable things."

Ohne Spaß, ohne Freude an der Sache, ohne Herzblut werden Sie die energievollsten und dadurch wirksamsten und erfolgreichsten Ideen nicht finden; das dürfen Sie nicht vergessen.

Und ich bringe Ihnen einmal eine von 300 solcher Kleinigkeiten, die wir im Hause haben: Das ist der handgeschriebene Wetterbericht, der täglich auf Ihrem Kopfkissen liegt. Mit einem Betthupferle können Sie sich nicht mehr unterscheiden, das hat jeder. Aber hier können Sie lesen, ob am nächsten Tag die Sonne scheint oder ob es regnet, wieviel Celsius, wieviel Fahrenheit von den Fröschen geweissagt werden. Das sind Kleinigkeiten, die gar nichts kosten und den ganzen Unterschied ausmachen, den Unterschied, welcher dann auch den Preis rechtfertigt. Damit kommen Sie gar nicht mehr in die Lage, Preisgespräche führen zu müssen.

Das waren die Vorbereitungen, um überhaupt mit meinem eigentlichen Thema, der Mitarbeiter-Motivation, anfangen zu können. Ich habe Ihnen jetzt lediglich ein paar Teile aus meinem Keller vorgestellt, die umgesetzt ungefähr ein bis zwei Jahre Arbeit bedeuten. Erst jetzt kann ich mit meinem eigentlichen Thema beginnen.

Die wichtigste Software: der Mitarbeiter

Entweder Sie standen bereits vor der Situation, oder es wird Ihnen in den nächsten Monaten passieren, daß Sie für Ihr Unternehmen ein Netzwerk anschaffen müssen, also fünf oder sechs PCs, die miteinander vernetzt sind, und eine dazugehörige Software – eine Investition von ca. DM 100 000.—.

Bevor Sie DM 100 000.— ausgeben, machen Sie alle ein Riesentheater. Zuerst nehmen Sie sich einen Berater, der Sie in der Auswahl der Hardware und der Software berät. Sie werden fragen: „Wo ist dieses Netzwerk bereits on-line?" Dann werden Sie, wenn es sein muß, 1 000 km fahren; Sie werden dort dem Kollegen die Zeit stehlen und Ihre Führungsmannschaft auch gleich mitnehmen. Sie werden fragen: „Würdest Du diese Kombination wieder kaufen oder nicht?" Dann werden Sie die Führungsbesprechungen machen, wollen zusätzliche Angebote haben von anderen Firmen, und irgendwann entscheiden Sie sich dann, die DM 100 000.— auszugeben. Das Ganze hat ein Vierteljahr gedauert, und von den bis dahin aufgelaufenen, ehrlichen Kosten spreche ich gar nicht.

Und jetzt brauchen Sie ganz dringend eine Verkäuferin und beglücken irgendeinen Anzeigenfriedhof mit einem entsprechenden Auftrag. Und siehe da – es hat sich tatsächlich jemand gemeldet. Bei Ihnen im Büro klingelt das Telefon, und Ihre Sekretärin sagt:

„Chef, da ist tatsächlich jemand!"

Sie flüstern zurück:

„Hat sich noch eine zweite gemeldet?"

„Nein, bis jetzt noch nicht."

„Schicken Sie sie gleich 'rein."

Sonntagsgesicht, Tasse Kaffee – nach 10 Minuten haben Sie DM 100 000.— ausgegeben.

Wenn Sie im Hardware-Bereich genauso leichtfertig mit dem Geld um sich schmeißen würden, wie es häufig im Software-Bereich mit Menschen getan wird, dann wären Sie alle längst pleite.

Der kleine große Unterschied – der Mensch

Ich möchte Sie sensibilisieren für die Frage, wie wichtig heute überhaupt Mitarbeiter noch sind. Man kann dies gar nicht genug betonen, und ich gebe Ihnen hierzu zwei Beispiele, von welchen das erste paradox erscheint:

- *In Miami erklärt ein Professor für Aeronautik den anwesenden Piloten, wie das Cockpit eines Flugzeugs im Jahr 2000 aussehen wird. Es werden drinsitzen ein Pilot und ein Hund. Einzige Aufgabe des Piloten wird sein, den Hund zu füttern. Und einzige Aufgabe des Hundes ist dannzumal, den Piloten zu beißen, falls er irgendwo hinfassen will.*

- *General Motors gab eine Studie in Auftrag – Tom Peters erzählt dieses Beispiel –, um herauszufinden, weshalb die Leute ein GM-Auto kaufen und weshalb sie einer Marke treu bleiben würden. Die Ergebnisse waren erschreckend. An erster Stelle in der Hitliste der Käufer stand die Rezeptionistin, die Telefonistin des Autohauses. Nicht genug damit: Als zweithäufigstes Auswahl-Motiv beim Autokauf wurde die Person des Kundendienstleiters genannt, und an dritter Stelle figurierte die Dame an der Kasse. Vom Produkt weit und breit keine Spur.*

Die Auswertung dieser beiden Beispiele führt zur Feststellung, daß immer mehr von intelligenter Technik erledigt wird und die Produkte dadurch noch austauschbarer werden. Bei den Flugzeugen sieht man es bereits deutlich. Die starten und landen alle pünktlich, als würde heute schon der Schäferhund mitfliegen. Wie kann sich ein Unternehmen überhaupt noch vom anderen unterscheiden? Das GM-Beispiel zeigt es deutlich: nur durch die Menschen im Unternehmen.

Und deshalb mache ich nun nichts anderes, als daß ich das gleiche Procedere anwende bei der Einstellung eines Mitarbeiters wie beim Kauf einer Maschine, d.h., ich investiere acht, zehn oder zwölf Wochen. Denn Sie haben immer DM 100 000.— ausgegeben. Die

Kosten für Ihr Netzwerk werden Sie auch auf 4 Jahre rechnen, und für DM 100 000.— in 4 Jahren kriege ich bereits ein Halbtags-Zimmermädchen. Das heißt, Sie haben eigentlich wesentlich mehr ausgegeben, wenn Sie neue Mitarbeiter in das Team holen, als wenn Sie sich so eine lächerliche Maschine gekauft haben.

Mitarbeiter-Marketing als Alternative zum Headhunter

Wie weit verbreitet die Art noch heute ist, mit Mitarbeitern wie mit einer Sache umzugehen, sehen Sie, wenn Sie die Anzeigen-Friedhöfe in den Zeitungen näher betrachten.

Da ist mir neulich in der Schweizer Fachzeitschrift „Salz & Pfeffer" eine tolle Anzeige aufgefallen, in der Mitarbeiter gesucht wurden (dies hätte allerdings auch in der FAZ stehen können):

„*Wir erwarten Ihre Bewerbungen an unser Personalbüro.*"

Die scheinen es nicht mehr nötig zu haben, etwas von sich preiszugeben, sich selber kurz vorzustellen oder auch nur den Namen des zuständigen Mannes hinzuschreiben. Natürlich, die erwarten etwas; aber wenn Sie in dieser Richtung etwas erwarten, dann werden Sie niemanden mehr finden. Viele Kollegen müssen bereits Headhunter beauftragen und viel Geld zahlen, damit sie ihre verkorksten, verkrusteten Strukturen überhaupt noch mit Nachwuchs füllen können, denn von alleine meldet sich niemand mehr.

Ein anderer sucht ein Zimmermädchen, ein Lingeriemädchen und ein Buffetmädchen. Das Beispiel ist ebenfalls aus der Zeitschrift Salz & Pfeffer aus der Schweiz, und der Journalist, Herr Eggli, fragt, ob der wohl in seinen alten Tagen noch einen Mädchenhandel aufziehen will.

Nun habe ich noch einen ganz Vornehmen, der einen „Aide du Patron" sucht, aber nicht einmal seinen Namen hinschreibt. Die rechte Hand sucht er also, aber die linke will er nicht vorstellen.

Diese menschenverachtende Denkart der Unternehmer ist aber branchenübergreifend. Sie können irgendeine Zeitung aufschlagen. Der hier sucht eine Sekretärin und schreibt: „Angebote an ...". Der scheint nicht zu wissen, daß man jungen Damen keine Angebote mehr macht!

Die Haltung, die aus diesen teuren Anzeigen geradezu herausspringt, konnte ihre Wirkung nicht verfehlen, und in meiner Branche ist es ganz kraß; auf Auszubildende in der Hotellerie werden Kopfprämien bis zu DM 1 000.— ausgegeben. Viele Konzerne machen dies intern, indem jeder Mitarbeiter, der einen Azubi bringt, DM 1 000.— bekommt. Da können Sie sich denken, was die anschleppen – auch von der Qualifikation her.

Vom Menschen zum „Personal"

Oder nehmen Sie das Beispiel von Padrutts Palace in St. Moritz. Ein Hotel, sehr einladend, 1000 Lichter, mindestens drei Rolls Royce vor der Türe, und da kommt jetzt ein neuer Mitarbeiter hinein, um sich vorzustellen. Er sieht das Sonntagsgesicht des Chefs. Der sagt: „Möchten Sie Platz nehmen? Lieber hier oder da? Lieber ein Cüpli oder Kaffee?" Und dann kommt dieser Mitarbeiter irgendwann später zum ersten Arbeitstag. Da geht er an der gleichen Stelle hinein. Der Concierge weist ihn gleich rückwärts wieder hinaus, fragt ihn, ob er überhaupt richtig tickt, und zeigt ihm ein Verkehrsschild. Und auf diesem großen Schild aus Metall steht: „Anlieferung Personal". Jetzt zuckt er schon ein bißchen zusammen und geht nicht mehr ganz so aufrecht. Und jetzt findet er ihn endlich, den Personaleingang. Ich war selber kurz nach Ostern dort; das Palace wird total renoviert; selbst die grünen Ziegel wurden neu lackiert, aber dieser schäbige Eingang an der Hauptstraße des Nobelkurortes hat auch jetzt keinen Tropfen Farbe abbekommen.

Jetzt geht unser talentierter, vormals begeisterter junger Mitarbeiter mit dem ersten Knack im Rückgrat zu der Tür hinein. Dahinter sitzt ein Frührentner mit Argusaugen und macht eine Handtaschenkontrolle; dann wird die Stechuhr lustvoll betätigt, und dann muß sich der arme Kerl umziehen. Er sieht dann etwa so aus: Kartoffelkäfer-Jacke, schwarz-gelb gestreift, und das Rückgrat bereits recht schief. Wenn er jetzt am ersten Arbeitstag an seinem Arbeitsplatz ankommt, dann heißt es bereits, man habe keine Zeit, er soll doch einmal mit Mise-en-place beginnen – Besteck polieren! Spätestens nach einer Saison wird er dann vor einer anderen Tür stehen, wo auf einem Messingschild auf Hochglanz poliert „Finanz- und Personalverwaltung" steht. Und er sieht sofort, daß dahinter der Ort ist, wo dieses Monopoly mit Menschen und Kohle im gleichen Topf gespielt wird. Und dann wird er 'reingehen und kündigen, damit er nicht verkümmert.

Wer in einem Nobelhotel gezwungen wird, durch einen farblosen Personaleingang zu gehen, der wird bereits am ersten Arbeitstag innerlich gekündigt haben.

Ich erzähle dieses Beispiel, um aufzuzeigen, daß auch der Bereich Mitarbeiter-Marketing keine Frage von Einzelheiten ist, die in eine verkrustete Struktur hineingepflanzt werden können, sondern daß eben Mitarbeiter-Marketing ganzheitlich gelebt werden muß.

Wir kriegen im Jahr ungefähr zwischen 50 und 100 Bewerbungen, und zwar aus allen möglichen Bereichen. Da sind dann vielleicht 70 Azubis darunter, und ich kann höchstens zwei oder drei überhaupt nur brauchen. Ich habe hier ein aktuelles Beispiel, das vor einigen Tagen bei uns eingegangen ist. Irgend jemand hat in einer Fachzeitschrift etwas über unser Mitarbeitermodell gelesen, und das reichte bereits aus, um sich bei uns zu bewerben. Ich habe nur gelesen bis "... mit sehr viel Freude am Beruf ..."- und da habe ich bereits daraufgeschrieben: einladen!

Ich habe immer zehn bis fünfzehn Bewerbungen bei mir im Büro liegen, und ich lade alle ein, in denen steht „viel Freude am Beruf", auch wenn ich niemanden brauche. Ich bin überzeugt, daß die junge Dame irgendwann in unserem Team ist. Vielleicht muß sie vorher noch ein Jahr nach Amerika, weil ich im Moment nichts habe; ist sie aber der Einladung gefolgt und strahlte die Freude am Beruf auch aus ihren Augen, so weiß ich ab jenem Moment immer, wo sie ist, und melde mich, wenn ich ihren Traumjob habe.

Prospekt für zukünftige Mitarbeiter

Das Verrückte ist, daß ich viel mehr Bewerbungen erhalte, als ich Mitarbeiter einstellen kann. Hierfür habe ich zwei Gründe gesetzt.

Das erste, was ich dafür getan habe, ist das Bekanntmachen des für die Mitarbeiter entwickelten Marketing-Konzeptes über das Instrument der Öffentlichkeitsarbeit in der Fachpresse. Dies ist ein Rezept, welches sich wohl in jeder Branche erfolgsträchtig anwenden läßt, egal, wie groß die Branche ist.

Zum zweiten gibt es bei uns neuerdings aber auch einen Mitarbeiterprospekt, den ich Ihnen hier kurz vorstelle:

Unser Schindlerhof entstand 1984 aus einem 400 Jahre alten, denkmalgeschützten Bauernhof. Das Restaurant bietet neben fränkischer Küche auch lustvoll-gesunde Naturküche. Es ist an 330 Tagen im Jahr ausgebucht. Das Hotel glänzt mit einer Belegung von fast 80 Prozent und ermöglicht unseren Gästen ein angenehmes "Leben auf dem Lande". Mit dem Kreativzentrum Schindlerhof haben wir ein Seminarzentrum geschaffen, bei dem die Meinungsmacher Deutschlands ein und aus gehen. Auf dieser kreativen Tagungsinsel spielen Farben und Düfte, Musik und Architektur in faszinierender Weise zusammen. Die ganzheitliche Konzeption für das "Tagen im Gleichklang von Geist und Gefühl" vereinigt in überzeugender Weise neue Trends und alte Werte.

Ein Meer aus Anerkennung und Aufmerksamkeit – das ist es, was meinen Job im Schindlerhof ausmacht! Jeder kann hier gewinnen, jeder die erste Geige spielen. Wie aus mir ein Mitunternehmer wurde? Warum dieser Job hier für mich soviel wert ist? Weil ich ernst genommen werde – als Partner, der Anspruch auf Offenheit und Fairneß hat. Ich kenne die Bilanzzahlen, die Jahreszielpläne, weiß, was mein Chef verdient und werde dort eingesetzt, wo ich meine Stärken habe. Mein überdurchschnittliches Gehalt allein ist es nicht. Anerkennung, eine spannende Tätigkeit, Transparenz und Interesse auch für die privaten Probleme – das sind die Faktoren, die dafür sorgen, daß meine Arbeit im Schindlerhof Spaß macht. Hat jemand was dagegen?

Der Gast ist König – klar! Aber was ist, wenn zum Abend im Restaurant Hektik ausbricht, wenn ein unzufriedener Gast (auch das gibt es – selten!) sich lautstark Luft macht? Mir wird alles verziehen – nur keine Unfreundlichkeit. Aber weil im Schindlerhof menschliche Schwächen akzeptiert werden, fällt es leicht, allen Schindlerhof-Besuchern das Gefühl zu geben, wirklich Gast zu sein – vom Check-in bis zum Check-out. Und wenn ich heute mal einen schlechten Tag habe, mache ich es morgen mit Herzlichkeit wieder gut. Schon allein mit meiner Visitenkarte: "Ich freue mich, daß Sie heute mein Gast sind!"

Okay, Leistung ist gefragt. Aber ein Job in der Gastronomie ist nun mal hart und verlangt viel Einsatz und Engagement. Aber Leistung lohnt sich. Ob als Hotelfachfrau oder Koch, ob als Hotelkaufmann oder Restaurantfachfrau – im Schindlerhof erhält jeder eine qualifizierte Aus- und Weiterbildung – mit Aufstiegschancen. Apropos Weiterbildung: Sie ist ein Muß und ist sogar im Arbeitsvertrag geregelt! Mitsprache und Mitplanung, Transparenz und Kompetenz sind für uns keine Fremdwörter. Gerade wir als Azubis können unsere Interessen und Wünsche im Arbeitskreis "Jugend im Unternehmen" vertreten

> **K**laus Kobjoll, unser Chef, ist ein Hotelier, wie er in keinem Buche steht. Sprudelnde Kreativität ist das Geheimnis seines – und damit unseres – Erfolges. Dieser Erfolg bringt Begeisterung. Und Begeisterung ist übertragbar! Lockeres Selbstverständnis kennzeichnet seine Lebensphilosophie und die Zusammenarbeit mit uns, seinem Team. Er ist einer, der selbst bringt, was er von anderen verlangt. Eigentlich eher ein Dirigent als ein Chef. Eine "Wildente", ein Quer- und Vordenker. Einer, der sich auch für meine privaten Probleme interessiert und sich um die Sicherheit meines Arbeitsplatzes sorgt. Und der bei uns allen die Lust auf Leistung weckt!

> **E**in Mitarbeiter ist nur dann vertrauenswürdig, wenn man ihm vertraut. Das ist eines der wichtigsten Prinzipien am Schindlerhof. Wir nennen es "High Trust". Das heißt, daß Vertrauen, Freundschaft und Harmonie im Schindlerhof-Team gelebt werden. Bei uns steht der Mitarbeiter – der Leistung bringt – total im Vordergrund. Deshalb besteht unsere Sinn-Vision im Schindlerhof aus zwei Worten: Freude und Freiheit. Freude heißt Lust, Vergnügen, Spaß an der Arbeit, Freiheit meint Selbständigkeit, Eigenverantwortung und Fehlerfreudigkeit (nicht zu verwechseln mit Fehlerhäufigkeit!). Das ist es, was unseren tollen Spaß-Sound (=Betriebsklima) ausmacht. Und weil wir die besten Mitarbeiter der Branche haben, geraten auch unsere Gäste ins Schwärmen. Ja, Begeisterung ist übertragbar!

Selbstverständlich hat unser ganzes Team bei der Herstellung mitgewirkt, und wir hatten alle einen Riesenspaß dabei. Diesen Prospekt lassen wir dann an Orte senden und dort auflegen, wo sich unsere zukünftigen Spitzenkräfte befinden können. So z. B. an die Abschlußklassen von Hotelfachschulen, weshalb auch ein Abriß-Coupon angeheftet ist. Auf diesem Coupon steht ganz oben: „Auch Sie können mitspielen, wenn Sie uns diese Karte zurücksenden." Ankreuzen kann man zum Beispiel: „Sie haben mich neugierig gemacht – ich möchte mehr über das Schindlerhof-Team wissen." Oder: „Wann kann ich vorbeikommen?"

Wenn ich dann zwischen 20 und 30 Stück an das Abschluß-Semester der Hotelfachschule schicke, dann können Sie sich vorstellen, daß ich dadurch wieder unbezahlbare Wettbewerbsvorteile erhalten habe. Ich behaupte, daß ein solcher Mitarbeiterprospekt in Zukunft wichtiger sein wird als ein Hausprospekt, um an die richtigen Mitarbeiter zu kommen. Und wenn ich herzliche Mitarbeiter habe, dann wird der Verkaufsweg zum Kanalsystem, das heißt, der Mitarbeiter kommt zu mir, und ich kann das gar nicht verhindern. Es entscheidet der Mitarbeiter und nicht ein Kristallpalast, der ohnehin nur Fassade sein kann.

Jetzt brauchen Sie nicht gleich so viel Geld auszugeben, denn die Sache hat uns sicher gegen DM 30 000.— gekostet. Wir haben es früher auch billiger gemacht. Wir schickten einen Brief mit einer gesammelten Dokumentation über uns, wo wir uns im Detail vorstellten. Da gehörte unsere Spielkultur dazu, unser „visionstatement" mit allen langfristigen Zielen, mit unserer Vision, mit allen Strategien und Wertvorstellungen. Mitgeschickt wurde ein Hausprospekt mit allen Preisen und eine Auswahl von Presseberichten. In all diesen Unterlagen fanden sich aber auch die wichtigsten betriebswirtschaftlichen Kennzahlen.

Haben Sie keine Angst, die halbe Konkurrenzanalyse an wildfremde Leute zu schicken, von denen Sie nicht einmal wissen, ob die

je Ihre Mitarbeiter werden. Anders kann sich der zukünftige Mitarbeiter über Sie nämlich gar kein Bild machen. Und Sie können nicht Transparenz und Fairneß predigen, wenn Sie schon im Ansatz für jeden erkennbar das Gegenteil leben.

Gehen Sie so vor, und Sie kommen in die Lage, unter den Besten auswählen zu können, die es überhaupt gibt. Natürlich geht das nicht, wenn Sie Tariflöhne zahlen. Wer das Gefühl nicht los wird, er könne sich solcherlei Betriebsphilosophien mit Wunschgehältern, großzügigem Reklamationsumgang, Beauftragung eines Büros für Öffentlichkeitsarbeit etc. nicht leisten, der lasse sich die drei nachfolgenden Punkte hinter die Ohren schreiben. Den ersten Spruch, der eine etwas trivial ausgedrückte Binsenwahrheit beinhaltet, habe ich in einem Marketing-Schwarzbuch aus der Schweiz gefunden, den zweiten erwähne ich aufgrund der enormen Bedeutung noch einmal, und die dritte Wahrheit dürfen Sie Ihren Mitarbeitern durchaus täglich predigen und sich selber eingerahmt aufs Pult stellen:

1. *Wer seine Mitarbeiter mit Erdnüssen bezahlt, muß sich nicht wundern, wenn er von lauter Schimpansen umgeben ist.*

2. *Sparen ist niemals ein Unternehmensziel. Wenn Sparen Unternehmensziel sein will, dann soll der Unternehmer seine Kiste dichtmachen. Das ergäbe das Maximum an Sparerfolg, weil so Team-, Waren-, Energie- und andere Kosten optimal zu eliminieren sind. Ausnahme: Sparen ist dann gerechtfertigt beziehungsweise ein Muß, wenn Krisenmanagement angesagt ist.*

3. *Die Gehälter kommen niemals vom Unternehmer, sondern sie kommen vom Kunden. Da besteht ein direktes Verhältnis. Solange das diesbezügliche Muß-Kriterium – die feste Vorgabe des Teamkosten-Prozentsatzes, welcher bei uns 30 % beträgt – stimmt, wieso soll der Unternehmer in dieses Verhältnis zwischen Mitarbeiter und Kunde eingreifen? Der Unternehmerlohn ist schließlich auch in diesen 30 % drin.*

Stelleninserat einmal anders

Vorletztes Jahr ist es uns einmal passiert, daß wir eine Anzeige haben aufgeben müssen. Wir haben unsere stellvertretende Hotelleiterin verloren, weil sie einen Amerikaner geheiratet hat, und das sah dann etwa so aus:

> „Wenn die Liebe nicht wäre, dann müßten wir heute nicht eine Hotelkauffrau suchen. Unsere jetzige Perle wurde von einem Texaner angelacht und zieht mit ihm nach Dallas. Wir gönnen es ihr von Herzen; uns weniger, denn wo finden wir eine Nachfolgerin, welche
>
> (Beschreibung der Position) ...
>
> Freude, Freiheit und Harmonie stehen im Mittelpunkt unserer Vision. Das Team und unsere Gäste sind faszinierend. Wir zahlen Ihr Wunschgehalt und reichlich Weiterbildung.
>
> Sind Sie interessiert, so rufen Sie doch bitte einfach die heutige Stelleninhaberin an, Frau M., oder senden Sie ihr gleich Ihre Bewerbungsunterlagen."

In diesem Inserat stimmt alles außer Dallas. Sie ging nämlich nach Arkansas. Um keine Urheberrechte zu verletzen, muß ich aber sogleich darauf hinweisen, daß ich keineswegs der Autor dieses Inserates bin: Meine Leute suchen sich ihren Nachfolger selbst!

Die meisten Stellen kann ich aus ungefragten Bewerbungen besetzen, als Folge natürlich auch unserer Öffentlichkeitsarbeit in den Fachmedien. Und dabei muß man gar nicht doppelt so gut sein oder doppelt soviel bezahlen wie andere Leute. Es genügt, ein klein wenig, aber deutlich erkennbar besser zu sein. Und das allerwichtigste ist die Transparenz der Ziele. Egal, wie groß die Branche ist, so etwas spricht sich wie ein afrikanisches Buschfeuer herum.

Die Auswahl meiner „Mitspieler"

Ich möchte Ihnen kurz unser Filtersystem vorstellen, wie wir die Mitarbeiter aussuchen, die letztendlich in unser Team passen.

Ich habe beispielsweise zehn Bewerber für irgendeinen Job; der erste Schritt ist:

Das Unternehmen stellt sich beim Bewerber vor.

Es ist eine Unverschämtheit, wenn ein Unternehmer mit verschränkten Armen im Sessel hockt und zum Bewerber sagt: „Zeigen Sie doch noch ein bißchen mehr, Ihre Bewerbung ist mir noch zu wenig präzise" und ihn bis in die tiefsten Tiefen der Persönlichkeit ausfragt, während er sich selber bedeckt hält. Das läuft heute nicht mehr.

Wenn sich jemand bei uns beworben hat, so ist er entweder bereits im Besitz des Mitarbeiterprospektes oder der Informationsmappe. Ansonsten wird ihm das Fehlende zugesandt. Bei diesem ersten Kontakt wird der Bewerber gebeten, unsere Unternehmensphilosophie Punkt für Punkt genau durchzulesen, damit er sich hinterher nicht beschweren kann.

Bei dieser vollumfänglichen Transparenz bleiben natürlich auch die Schattenseiten nicht verborgen. Und dann schreiben mir von zehn Bewerbern bereits zwei etwa wie folgt:

„Vielen Dank für die Übersendung Ihrer Bewerbung. Mit Interesse habe ich Ihre Philosophie gelesen, und ich kann mir nicht vorstellen, Ihren elitären Ansprüchen zu genügen!"

Fein, sie müssen ja nicht mit mir spielen! Sie setzen mich nicht ins Unrecht, und ich setze sie nicht ins Unrecht. Und ich bin überzeugt, mir einen Flop erspart zu haben.

Zum Ausgleich habe ich hier aber noch ein Beispiel eines 23jährigen jungen Mannes, der sich nicht hat abschrecken lassen:

„Ihre Vorstellung war sehr interessant und aufschlußreich. Ich muß Ihnen mitteilen, daß ich mir der Anforderungen in Ihrem Haus durchaus bewußt bin. Ich darf sogar behaupten, daß mich Ihre Vision überzeugt hat, und ich glaube, so das Optimum an Manpower erreichen zu können."

In der Schweiz wurde ausgerechnet, daß das Auswechseln einer Führungskraft rund Fr. 40 000.— kostet. Eggli schrieb in „Salz & Pfeffer", daß der Austausch eines Direktionsehepaares – Direktionsehepaare sind in der Schweiz ja noch üblich – zwischen Fr. 150 000.— und Fr. 200 000.— kostet. Da sehen Sie, wie wichtig die richtige Wahl nur schon in finanzieller Hinsicht ist.

Dem Bewerber die Schandflecken zeigen

Diejenigen, die sich von unserer Informationsmappe nicht haben abschrecken lassen, werden zu einem persönlichen Gespräch eingeladen. Dabei spielt es keine Rolle, welche Kosten anfallen. Letztes Jahr habe ich einer Frau aus Samedan im Engadin geschrieben und sie mit der Air Engadina einfliegen lassen. Diese Bewerberin hatte nur einen freien Tag in der Woche. Es hat mir so imponiert, daß sie gar nicht auf die Idee gekommen ist, dort zu fragen, ob sie zwei Tage weggehen könne, daß ich sogleich das Ticket geschickt habe. Das hat mich rund DM 1 000.— gekostet – aber es ist bestinvestiertes Geld. Bei den DM 100 000.— für den Computer würden wir ja auch einen externen Berater nehmen. Der kostet dann DM 1 500.— am Tag, womit ich die Verhältnismäßigkeit wiederhergestellt hätte.

Es ist erschreckend, wie viele junge Leute mit dem 2 CV von Hamburg nach München fahren, um sich vorzustellen, und sich dann von einem eiskalten Personalchef, auf dessen Visitenkärtchen „Human Resources" steht, sagen lassen zu müssen: „Wir nehmen Sie nicht; Kaffee haben Sie gekriegt, nun können Sie sich wieder schleichen." – Kein Abendessen, keine Übernachtung, kein Auslagenersatz. Das sind die wahren Gründe, wieso für solche Unternehmer niemand mehr arbeiten will. Und das sind natürlich auch die Totengräber der jeweiligen Branchen, wo sich solche Leithammel mit ihrer menschenverachtenden Führungsphilosophie bis heute haben halten können. Und die sind leider immer noch keine Seltenheit.

Ich komme zurück auf unseren Bewerber, der sich bei uns vorstellt. Wenn das erste persönliche Gespräch auf 15.00 Uhr terminiert ist, dann steht es in meinem Zeitplan um 16.00 Uhr. Die erste Stunde ist ein Mitarbeiter im Haus dafür eingeteilt, mit dem Bewerber im Rahmen einer ausführlichen Hausführung alle Schandflecken des Unternehmens zu besuchen, ihn vollständig hinter die Kulissen zu führen. In dieser Phase ist von den acht Bewerbern garantiert noch einer dabei, der sich mit Worten verabschiedet wie „Vielen Dank, es ist sehr interessant gewesen, Ihre Küche zu sehen."

Ich könnte nicht, wie es meine Kollegen machen, den Bewerbern nur die Halle zeigen und ein Glas Champagner anbieten, letzteres zum ersten und letzten Mal während seiner ganzen Mitgliedschaft im Team. Das geht nicht. Und selbstverständlich ist in einem Gründungsunternehmen, in dem mit null angefangen worden ist, wo man in denkmalgeschützter Bausubstanz arbeitet, wo keine Mauer verändert und kein Fenster hineingebrochen werden darf – selbstverständlich ist da nicht alles Gold, was glänzt. Der Kunde hat Vorrang, und danach kommt lange nichts; und dann kommen die „Hinter-Kulissen-Räume".

Wir haben für fünf Abteilungsleiter 15 qm Bürofläche; vier Abteilungsleiter teilen sich zwei Schreibtische. Macht nichts – ich habe ja auch keine reinen Schreibtischtäter. Wenn die am Bleistift kauen wollen, dann sollen sie das im Urlaub machen, aber doch nicht während der Arbeitszeit.

Diese Führung dauert eine halbe Stunde – jetzt habe ich noch sieben Bewerber übrig. Die nächste halbe Stunde wird sich der Bewerber noch einmal bei uns bewerben mit einer internen sogenannten Partner-Analyse. Ich frage nach Kenntnissen, nach Fähigkeiten; ich will seine größten Talente wissen und die großen Schwächen ebenso wie jene Fähigkeiten, die er sich noch wünscht. Ich muß mir ein Bild über die Persönlichkeitsstruktur machen können, welches sicher über eine Normalbewerbung noch hinausgeht.

Partner-Analyse

Da frage ich zum Beispiel, in welchen Fächern der Bewerber in der Schule am besten war. Ich frage nach den Lieblingsfächern, aber auch nach den schwächsten und nach den bestgehaßten Fächern.

Ich frage weiter, wieviel Alkohol jemand täglich trinkt, ob er Krankheiten hat oder Allergien. Ich will wissen, ob er Verbindlichkeiten hat, die nicht durch Besitz abgedeckt sind. Ich frage: Welche Kenntnisse haben Sie, und weshalb haben Sie sich diese angeeignet? Ich will wissen, was der Bewerber mit diesen Kenntnissen bislang erreicht zu haben glaubt. Ich will überdies wissen, welche Kenntnisse er sich noch wünscht. Etc., etc.

Eine Frage lautet: Welchen Nutzen können Sie unserem Unternehmen bieten?

So eine Partner-Analyse ist eine sehr gute Möglichkeit, das Stärken-/Schwächenprofil des Bewerbers herauszufinden, das ich brauche, um das Team optimal zusammenzustellen.

Es geschieht dabei nicht selten, daß ich den Bewerber zum nachfolgenden persönlichen Gespräch abholen will und der einfach nicht mehr da ist, weil er mitten in der Partner-Analyse aufstand und ging. Letztes Jahr hat einer genau an der Stelle mit dem Alkohol aufgehört. Der hatte gerade noch eine Grammzahl aufnotiert, die er täglich zu sich nimmt, und dann war er weg. Es ist sein gutes Recht; ich bin ihm sicher nicht böse, aber ich habe mir mit Sicherheit wieder einen Flop erspart.

Und ich leite die Legitimation, daß ich so viel wissen will, davon ab, daß ich ja auch alles zeige. Nicht in Ordnung wäre, wenn da der Unternehmer sitzt und sagt: „Lassen Sie mal die Hosen runter." Aber wenn es beide machen, dann ist es o.k.

Keine Angst vor dem Wunschgehalt

Und die letzte Frage lautet: *Mein persönliches Wunschgehalt:* ...Was da steht, wird er bekommen, wenn wir ihn in das Team aufnehmen.

Damit hatte ich übrigens noch nie ein Problem. Wenn sich einer bei der Festlegung seines Gehaltes selber überschätzt hat, dann kann man davon ausgehen, daß er sich genauso häufig bei der tagtäglichen Arbeit überschätzt. Meine Erfahrung ist, daß die besten Mitarbeiter sich sehr sensibel einschätzen können. Wir haben bei der Mitarbeiter-Qualitäts-Zielsetzung eine klare Positionierung: Wir beschäftigen die besten Mitarbeiter der ganzen Branche. Da kann es keine Probleme geben.

Vergessen Sie aber auch Ihre Angst, ausgenutzt zu werden. Wer viel gibt, dem wird auch viel gegeben. Das steht schon in der Bibel.

Es gibt eine Traumzahl in der Hotellerie, und die heißt: 30 % Teamkosten im Jahr inklusive Unternehmerlohn. – Und ich habe jedes Jahr Mühe, die 30 % zu verbraten. Im letzten Jahr hatte ich am Jahresende noch ein Guthaben von DM 2 000.—.

Mittlerweile ist es 16.00 Uhr, und der Bewerber hat die Partner-Analyse ausgefüllt; er hat das Haus gesehen, und jetzt führe ich mit ihm ein Gespräch von fünf bis zehn Minuten; dabei interessieren mich eigentlich nur zwei Dinge: Sind wir uns gegenseitig sympathisch? (Denn gegenseitige Sympathie ist die wichtigste Basis für eine langfristige Zusammenarbeit.) Und das zweite, was ich herausfinden will: Leuchten seine Augen, wenn er von seinem Beruf erzählt?

„Glow and tingle" – es muß glühen und sprühen und funkeln! Und wenn er tote Augen hat, so ein cooler Typ ist, dann kann er nicht in meinem Team mitmischen. Die Zeugnisse schaue ich mir übrigens überhaupt nicht an – das macht später jemand anders.

Und an dieser Stelle gewähre ich mir als Unternehmer im eigenen Haus zum letzten Mal ein Vetorecht und kann sagen, mit dem möchte ich nicht spielen; dann geht die Bewerbung zurück. Und ich gehe wirklich nur von den beiden Kriterien aus: „glow and tingle" und gegenseitige Sympathie. Denn zwei Menschen, die sich sympathisch sind, können zusammenwachsen. Aber die beste Hotelfachschule in Lausanne oder Cornell nützt Ihnen nichts, wenn die Chemie nicht stimmt. Dann können Sie einer jungen Dame nicht einmal sagen, sie hätte hinten, wo sie es nicht sieht, eine Laufmasche.

Gebe ich aber die Bewerbung weiter, so habe ich keinen Einfluß mehr darauf, wer letztendlich genommen wird.

Das Arbeitsgericht ist mir unbekannt

Der nächste Filter ist eine Arbeitsprobe von zwei bis drei Tagen, und dafür gibt es keine müde Mark. Das wird vorher klar vereinbart, und jetzt hat der Bewerber die gute Chance, festzustellen, ob ihm die Team-Mitglieder und die Vorgesetzten zusagen, kann sich ein Bild darüber machen, wie die Gäste strukturiert sind und ob es ihm Spaß macht oder ob er vielleicht auch zuviel Streß befürchtet. Mit einem Wort: Er soll sich sauwohl fühlen.

Meine Leute haben dann die Möglichkeit, zu sehen, ob der Bewerber sich beim Alten verstellt hat. Wir sehen aber auch, ob er zwei linke Hände hat und ob er den anderen Team-Mitgliedern sympathisch ist; und dann entscheidet das Team mit dem dazugehörigen Abteilungsleiter, wer genommen wird, nicht ich. Ich habe kein Mitspracherecht mehr. Es ist wie beim Sport: Sie können niemals einer Spitzenmannschaft jemanden aufs Auge drücken, den die nicht wollen. Da können Sie als Chef dreimal sagen: Den nehmen wir, das ist ein Geschäftsfreund, und damit basta! Das läuft nicht. So kriegen Sie Mittelmaß.

Wenn aber die Mitarbeiter die Möglichkeit haben, ihr Team selber zusammenzustellen, dann kriegen Sie ein Dash-Konzentrat mit einer hohen Selbstreinigungskraft. Sie machen sich damit immer überflüssiger, weil die praktisch alle Ihre Probleme selbst lösen.

Der letzte Filter ist unser Arbeitsvertrag. Ich versuche Ihnen einmal aus dem Stegreif die wichtigsten Punkte herauszuschälen, auch wenn gewisse Teile davon, insbesondere die Präambel, wieder nicht auf unserem Mist gewachsen, sondern Anleihen aus dem Lehrwerk von „Unternehmer-Energie" von Josef Schmidt aus Bayreuth sind.

Im Vorwort steht, daß aufgrund der theoretischen und praktischen Prüfung des Bewerbers durch das Team des Schindlerhofes – nicht durch mich! –, aufgrund der genauen Firmenzielsetzung und der Philosophie, die dem Bewerber ganz genau bekannt ist, sich beide

Parteien zu einer Zusammenarbeit entschlossen haben, und das Ziel des Vertrages ist, diese Ziele und die Philosophie mit Leben zu erfüllen.

Darin steht dann aber auch:

„Die wöchentliche Arbeitszeit beträgt 45 bis 50 Stunden. Notwendige Überstunden im zumutbaren Rahmen werden nicht gesondert vergütet. Wir gehen davon aus, daß Sie Ihre gesamte Arbeitskraft dem Unternehmen zur Verfügung stellen und dann, wenn besondere Aufgaben zu erfüllen sind, auch außerhalb der üblichen Arbeitszeit zur Verfügung stehen."

Jemand, der sich uns nur für 38 Stunden die Woche verkaufen will, den können wir einem Gast überhaupt nicht als Gastgeber präsentieren. Sie halten ja auch keine Party und schreiben in die Einladung hinein: Ihr dürft von 19.00 bis 23.00 Uhr kommen, und nachher will ich keinen mehr sehen.

Dann steht auch konkret dabei, was gemeint ist (z.B. beim Hausmeister: nächtliche Wasserrohrbrüche, Schneefälle, saisonale Arbeiten usw.). Klar, daß bis hierhin ein Gewerkschafter bereits dem Infarkt nahe sein muß und die andere Seite dieses Vertrages zwischen zwei Unternehmern nicht mehr zur Kenntnis nehmen kann. Gleichwohl muß ich betonen: Ich habe noch nie einen Arbeitsrichter aus der Nähe gesehen!

In einem nächsten Passus steht nun drin: „Der Bewerber erhält das selbst bestimmte Wunschgehalt von .....". Dann setzen wir noch eine Prämie dazu und meist auch eine Gehaltserhöhung nach der Einarbeitungszeit, über die vorher gar nicht gesprochen wurde.

Weiter findet sich im Vertrag eine ganze Seite über Weiterbildung. Darunter finden sich auch sehr viele persönlichkeitsentwickelnde Seminare, die nichts mit der Gastronomie zu tun haben. Die Kosten für diese Seminare trägt immer das Unternehmen, aber der Mitarbeiter bringt die Zeit dazu ein. In vielen Unternehmen, vor allem in der Industrie, ist es doch heute noch üblich, daß nicht nur die Kosten, sondern auch noch die Zeit dem Mitarbeiter zur Verfügung gestellt wird. Da wird ein Mitarbeiter zu einem Seminar geschickt und geht natürlich auch gerne hin, weil er sich sagt: Ob ich nun im Büro schlafe oder im Seminar, dann lieber im Seminar – dort gibt's in der Pause noch etwas Abwechslung. Und der bringt dann natürlich auch nichts nach Hause.

Ich will Mitarbeiter, die selber etwas für ihre Weiterbildung tun wollen und auch tun, daß eben beide, Mitarbeiter und Unternehmer, zusammenlegen, um miteinander zu wachsen, und nicht immer nur der eine. Das ist ein Geben und Nehmen. Ist der Bewerber nicht gewillt, die Zeit für die Weiterbildung selber einzubringen, können Sie ihn wieder vergessen.

Und dann gilt bei uns natürlich auch die Regelung, daß eine teure Fortbildungsmaßnahme erst ein Jahr später wirklich verdient worden ist; das heißt, will der Mitarbeiter ein Vierteljahr nach einer Weiterbildung, die DM 4 000.— gekostet hat, freiwillig gehen, dann muß er 50 % dieser Kosten zahlen, nach einem halben Jahr 25 %, und nach einem Jahr gilt es als verdient.

Für meine 50 Mitarbeiter habe ich im letzten Jahr DM 130 000.— für externe Seminare ausgegeben. Finanziell ist dies deshalb kein Problem, weil ich kein Werbebudget habe.

Auf einen einzigen juristischen Satz lege ich Wert, und der muß mit den Mitarbeitern schriftlich vereinbart werden:

„Von der Gewährung einer Prämie kann niemals ein Rechtsanspruch für die Folgejahre abgeleitet werden."

Mache ich diesen Vorbehalt nicht, so werden die Prämien praktisch zum Weihnachtsgeld. Dies hätte zur Folge, daß Sie die soziale Hängematte noch ein bißchen mehr auspolstern und beim Mitarbeiter damit das Unternehmertum wieder abwürgen.

Der Yes-butter und der Why-notter

Viele von Ihnen mögen denken, so zu verfahren, sei tariflich gar nicht möglich. Dazu kann ich Ihnen sagen: Bei der konsequenten und kompromißlosen Umsetzung eines Strategiepapiers zeigen sich sehr schnell zwei Arten von Unternehmern; den einen nenne ich Yes-butter und den anderen Why-notter. Ein Yes-butter ist nicht in der Lage, dieses Konzept umzusetzen, weil er sich viel zuviel überlegt, was alles nicht gehen könnte und was alles nicht erlaubt sein könnte. Nur der Why-notter wird es schaffen – er sagt sich einfach: Let's do it!

Das Spiel beginnt

Jetzt kommt der erste Arbeitstag eines neuen Mitarbeiters. Ich habe den Weizen von der Spreu getrennt, und die Mitarbeiter haben entschieden. Und jetzt kommt der Neue in den Genuß dessen, was möglich ist, wenn Bundesliga-Fußball gespielt wird. Ich habe alle Mitarbeiter mit alternativem Engagement ausgefiltert (wie Kaninchenzüchter-Verband, Wirtschafts-Junioren etc.). Jeder, der dort mehr als 3 % seiner Zeit verbringt, hat für mich alternatives Engagement, und wir würden riskieren, daß dieser sich vom Unternehmen wegstiehlt, um irgendeinen Politiker anzuhören, der dem Unternehmen überhaupt nichts bringt.

Die zweite Sorte, die ich herausgefiltert habe, die nennen wir „Mitarbeiter mit freizeitorientierter Schonhaltung". Das sind all jene, die die Freizeitforscher uns für die nächsten zehn Jahre ins Haus prognostiziert haben, unter anderem Golfer mit Handicap, Turnierreiter und Hobbyverdiener, alles Leute, die ihre Energie am Wochenende brauchen und während der Woche keine mehr übrig haben.

Nach Ausfilterung auch dieser zweiten Kategorie bleiben karriereorientierte junge Leute übrig, und Gott sei Dank haben alle Soziologen nicht recht behalten, die uns seit längerem das Aussterben solcher Menschen prophezeiten. Die karriereorientierten Leute sind solche, die Leistung bringen wollen, die Spaß daran haben und auch bereit sind, an sich selber zu arbeiten.

Ich bin in meinem Betrieb über das Mittelmaß hinausgegangen, und das ging nur mit solchen Mitarbeitern. Die machen im Gesamtsegment etwa 3 % aus, und die muß man halt suchen.

Daß dies nicht immer einfach ist, zeigt folgendes Beispiel. Im Kaufhaus Macy's in New York wurden die Führungskräfte immer extern gesucht; die eigenen Mitarbeiter hat man nie gefragt, ob sie Lust hätten. Dann haben sich die Mitarbeiter geschlossen beschwert. Die Geschäftsleitung hat sich entschuldigt und gesagt: Ihr habt recht, wir machen euch folgendes Angebot: Jeden Dienstag und jeden Donnerstag gibt es nach Geschäftsschluß jeweils 1 1/2 Stunden Weiterbildung; dies machen wir ein Jahr lang und mit den besten Trainern von New York für euch kostenlos, und dann könnt ihr in die Führungsmannschaft aufsteigen.

Und was glauben Sie, wieviel Prozent sich jetzt noch gemeldet haben? 3 %. Die anderen haben gesagt: „Moment, die müssen uns falsch verstanden haben; wir wollen Führungskraft sein, aber doch nicht um halb sieben; dann bin ich Couch-Potato, eine Dose Schlitzbier in der Hand, und guck' in die Glotze!"

Trotzdem gibt es dieses kleine Segment von jungen Leuten noch, die wirklich Spaß an der Arbeit haben. Und meiner Meinung nach wird dieses Segment immer größer. Jim Morrison, der damalige Leadsänger der Doors, hat – geprägt von den Ideen der 68er – die Philosophie propagiert „Live fast, love hard, die young" – schnell leben, viel lieben, jung sterben. Die Zeiten haben sich geändert, und Jim Morrison ist dann auch jung gestorben. Deshalb haben wir genau für unsere Leute seine Parole leicht abgeändert: „Work hard, have fun, make money" – hart arbeiten, Spaß haben und Geld verdienen.

Es ist nicht so, daß der karriereorientierte Mitarbeiter keine Freizeit will; der treibt auch Sport und hat an Freizeit vielleicht mehr Spaß als der Mitarbeiter mit freizeitorientierter Schonhaltung. Aber wenn Not am Mann ist, und Sie rufen die beiden an, dann sagt Ihnen der turnierreitende Mitarbeiter mit der Schonhaltung ab, weil ihm das Turnier wichtiger ist, und der andere kommt: Der setzt die Prioritäten anders.

Es heißt auch keinesfalls, daß der Karriereorientierte ein Workaholic ist. Denn wer die Latte für sich selber im Beruf hoch hinlegt, der muß das auch im Privatleben tun, sonst ist er nicht glaubwürdig. Es gibt keine geteilte Ethik. Die wirklich erfolgreichen Menschen führen ein Privatleben mit hoher Lebensqualität.

Sie müssen natürlich entscheiden, wo Sie sich bei den Mitarbeitern positionieren. Genauso, wie Sie sich beim Positioning gegenüber Ihren Kunden auch entscheiden müssen, wo Sie hinwollen.

Tatsächlich ist es nicht unbedingt nötig, in dieses Segment hineinzustoßen, welches ich soeben als das nach doppelter Filtration übrigbleibende beschrieben habe. Sollte Ihnen dies nämlich zu anstrengend sein, so können Sie sich auch das Segment der freizeitorientierten Schonhaltung heraussuchen und dann mit Jobsharing und ähnlichen Sachen manövrieren – funktioniert auch. Sie müssen sich aber positionieren, das bleibt Ihnen nicht erspart. Ich habe mich für die karriereorientierten Leute entschieden, und mir reichen die 3 % allemal. Ich habe 3 Milliarden Spielkameraden zur Auswahl – ich brauche nur 54.

Gelebtes Mitarbeiter-Modell

Bei uns sieht der erste Arbeitstag dann wie folgt aus. Er beginnt immer um 10.00 Uhr. Es gibt Champagner und Kanapees aus der Küche, und für eine Dame gibt es grundsätzlich einen großen Blumenstrauß. Wir kennen weder Uniformen noch Kleiderzwang. Wenn ich junge Leute in Kartoffelkäferjacken stecke, dann brauche ich mich nicht zu wundern, wenn sie keine Lust haben, in diesem Beruf zu bleiben. Wir geben nur ein Thema vor. Auf dem Lande ist das sehr leicht – dort heißt es beispielsweise Frankonia-Jagd –, während ich in der Stadt einfach irgendeinen jungen Designer nehmen würde, der eine Kollektion für die Mitarbeiter entwirft oder irgendein vages Thema – aber um Gottes willen keine Uniformen!

Es gibt natürlich auch keine Namensschilder. Bei uns hat jeder Mitarbeiter eine eigene Visitenkarte; die bekommt er am ersten Arbeitstag um 10.05 Uhr – eine Seite Geschäft, die andere Seite privat. Das ist die beste Verkaufsförderungsaktion mit Langzeitwirkung, denn auch unsere Reinemachefrau ist stolz darauf, in unserem Team zu arbeiten! Ich zahle für 200 Visitenkarten DM 38.— – beidseitig bedruckt – das sind Peanuts.

Jeder Mitarbeiter, der Gastkontakt hat, hat eine zweite Visitenkarte, und auf der steht:

„Ich freue mich, daß Sie heute mein Gast sind."

Und nicht etwa „Ich freue mich, daß ich Sie heute bedienen darf". Damit erspare ich ihnen die Namensschilder, die man bei der Post oder bei der Bundeswehr kennt, die dort sehr gut hinpassen mögen, aber nicht zu mir. Und wenn unser Mitarbeiter verheiratet ist oder mit einem Partner zusammenwohnt, dann bekommt die Familie in der ersten Woche eine Einladung zu einer Hausführung mit anschließendem Gourmet-Menu, damit sie mit eigenen Augen sehen kann, worauf wir im Team so stolz sind. Ich brauche die Akzeptanz in den Familien. Und das ist bei Ihnen sicher nicht anders: Ein jun-

ger, talentierter Verkaufsleiter kann doch keine dauerhafte Leistung bringen, wenn seine Frau ihn jedesmal beim Nachhausekommen wie ein zahnender Marder empfängt, nur weil er Überstunden gemacht und am letzten Freitag einmal seinen Schreibtisch in Ordnung gebracht hat. Da verliert er sehr schnell die Lust. Und selbstverständlich laden wir die Partner auch ein, wenn wir unsere Weihnachtsfeier machen. Auch das hat sich ausbezahlt.

Vergessen Sie nicht: ==Der wirkliche Unternehmer sollte sich ebenso definieren können, wie ein Katalysator definiert ist, nämlich als Stoff, von dem man wenig braucht, der aber eine große Wirkung erzielt und sich dabei selbst nicht verbraucht.==

Jetzt können Sie sich vorstellen, mit welcher Grundmotivation unser neuer Mitarbeiter um 10.30 Uhr seinen neuen Job anfängt. Und in dieser Art des Umganges liegt einer der Gründe, warum die Produktivität bei uns doppelt so hoch ist wie in anderen Häusern.

Tödlich für jede Motivation ist das, was die Schwaben angeblich tun. Der Schwabe kommt heim von der Arbeit. Seine Frau hat den ganzen Tag gekocht. Er setzt sich an den Tisch und fängt zu essen an. Sie sitzt ihm gegenüber, kann kaum mehr ruhig sitzen, bis es aus ihr herausplatzt und sie mit gepreßter Zurückhaltung lieblich flötet: „Schmeckt's Dir denn?" Und er sagt: „Solang i nix sag, is scho recht."

Das Schlimmste, was einer Führungskraft passieren kann, ist, daß ein Mitarbeiter kommt und sagt: „Schauen Sie einmal, habe ich es richtig gemacht?" Der dürstet doch förmlich nach Anerkennung! Und in der Regel antwortet die Führungskraft dann: „Wieso, habe ich etwas gesagt? Ist doch völlig in Ordnung!"

Mitarbeiterpflege über den ersten Arbeitstag hinaus

Jetzt komme ich zu dem Bereich „Dank und Anerkennung", also innere Motivation. Wir haben einen Arbeitskreis im Haus, der heißt „Jugend im Unternehmen". Der Arbeitskreis wird geführt von einer Abteilungsleiterin. Alle Azubis sind in diesem Kreis, und wir machen dreimal im Jahr wirklich tolle Ausflüge gemeinsam. Wir waren letztes Jahr beispielsweise in der Champagne, wir waren einmal bei Boyer essen (immerhin 3 Michelin-Sterne); wir haben eine halbtägige Besichtigung gemacht bei Perrier-Schweppes; wir haben noch zwei 4-Sterne-Lokale auf dem Weg mitgenommen – also eine Sache, die sich auszahlt. Das kann man sich übrigens in jeder Branche auch sehr gut sponsern lassen, ob Sie nun in der Möbelbranche zu B + B oder Cassina fahren oder zu de Sede, damit die jungen Leute mal sehen, was da für eine Liebe in den Möbeln steckt, oder ob Sie in der Autobranche den großen Monteverdi in Basel besuchen, um dann nachher noch bei Porsche vorbeizuschauen, und da kriegen Sie das Mittag- und Abendessen und die Übernachtung auch noch gesponsert – Sie werden sehen, ihre Azubis werden nachher mit glänzenden Augen verkaufen.

Wir haben zur Zeit keinen Azubi im Haus. Alle zwölf sind gestern um 4.00 oder 5.00 Uhr morgens mit dem ICE nach Hamburg gefahren, haben übernachtet im Elysee, sind heute bei einem Seminar in der größten Kneipe Europas, in Kubasch, einem Apollinaris-Seminar – Sie können sich vorstellen, was das pro Nase kostet. Anschließen high life in der Kneipe. Am nächsten Tag Mövenpick-Besichtigung, Tchibo, Fischmarkt und anderes, und dann wieder zurück. Dann sind die drei Tage vorbei, und es ist der erste Ausflug, wo meine Frau und ich nicht dabei sind. Normalerweise gehört es zu meinen Hauptaufgaben, mit zu den Azubi-Ausflügen zu gehen.

Sie werden sich fragen, wie wir das finanzieren können. Aber das kostet gar nicht so viel; selbst die Ausflüge in die Champagne nicht, weil unsere Zulieferer längst erkannt haben, daß die Champagner-

Verkäufer von morgen die Lehrlinge von heute sind. Und ich habe noch nie einen Azubi gehabt, mit dem ich über solche Lächerlichkeiten wie Überstunden hätte reden müssen.

Gefragt ist in diesem Zusammenhang nur ein wenig Kreativität. Einstein hat einmal gesagt: Wichtiger als Wissen ist Phantasie. Was machen wir? Unsere Leute wohnen umsonst im Elysee in Hamburg, und wenn die Azubis von Herrn Stärkle zu uns kommen, dann sind sie selbstverständlich herzlich willkommen. Oder wir besuchen Theresiental-Glashütte, ein Öko-Weingut, eine Bierbrauerei – alles Dinge, die im weitesten Sinne etwas mit uns zu tun haben, denn es ist immer eine Mischung zwischen lehrreichem Ausflug, Freizeit und einem halben Tag Qualitätszirkel. In diesem Fall muß ich das nächste Woche nachholen, wo mir die jungen Leute ihre Probleme unterbreiten und wir diese diskutieren; aber es werden nur Probleme diskutiert, die ich bis zwei Wochen vorher schriftlich in meinem Postfach liegen hatte. Ich bin nicht bereit, Dinge zu diskutieren, auf die ich mich nicht vorbereiten kann.

Wir bilden nur zwei Jahre aus, weil alle Azubis Abitur und abgeschlossene Hotelfachschule haben. Und es wäre Ausnutzung, länger als zwei Jahre auszubilden, denn so schwer ist der Beruf nicht zu lernen. Unsere Azubis bekommen einen nagelneuen Dienstwagen vom ersten bis zum letzten Tag der Ausbildung gestellt, einen Fiat Panda, damit sie richtig Spaß an der Arbeit haben.

Ich habe überdies eine Liste mit den Urlaubszielen all meiner Mitarbeiter im Büro; ich weiß also immer, wer wann in welches Land fährt, und dann schreibe ich meine Dankesbriefe immer eine Woche, bevor jemand in Urlaub fährt, und lege in der jeweiligen Landeswährung DM 100.— bis DM 200.— bei. Es geht nicht um das Geld, sondern es geht darum, daß der Mitarbeiter weiß, „der Alte interessiert sich dafür, wo ich hinfahre".

Und so kann ich durch den Betrieb laufen und Managing by walking around betreiben. Der Mitarbeiter bedankt sich für die 3 000

Drachmen für seinen Urlaub auf Kreta und bittet um einen Vorschuß, weil die Reise so teuer ist. Und auf diesem Weg kann er auch private Probleme loswerden. Ich habe damit ganz tolle Erfahrungen gemacht, und da kann auf einer Ansichtskarte aus dem Skiurlaub etwa stehen:

> *„Bei diesem wunderschönen Wetter und ohne blaue Flecken haue ich Ihre 100.— Fränkli auf den Kopf. Vielen Dank.*
> *Das ist Spaß-Sound."*

Das sind Beispiele für – neudeutsch – „Corporate Behaviour".

So etwas kann man auch nicht 1:1 kopieren; das muß zum einzelnen passen. Wenn jemand also ein Nadelstreifentyp ist, dem urlaubenden Mitarbeiter eine Note für dessen Afrika-Aufenthalt in die Hand drückt und sagt: „Hauen Sie das für Kokosnüsse auf den Kopf", dann sagt sich der Mitarbeiter: „Der steht neben der Mütze." Also auch hier ist Kreativität gefragt.

Kollektives Bewußtsein

Jetzt noch einige Takte zur Schaffung kollektiven Bewußtseins. Wie kann man Teamgeist erzeugen?

Es gibt drei Möglichkeiten, die ich kenne.

Die erste setze ich in Klammern. Wenn Sie neugierig werden, so probieren Sie es aus, und sonst vergessen Sie es gleich wieder:

NLP – Neuro Linguistisches Programmieren.

Die zweite und üblichste Methode ist die: durch Gleichschaltung von Menschen.

Mövenpick ist ein Paradebeispiel dafür. Ich kenne bei Mövenpick ein Dutzend Führungskräfte, die sehen aus wie Ueli Prager: gleicher Haarschnitt, gleicher Glanz, gleicher Blazer, goldene Knöpfe.

Siemens als anderes Beispiel: Wir erkennen einen Siemens-Indianer aus 100 m Entfernung, wenn er in die Startlöcher kommt. Er geht früh durch die Presse – alle sehen gleich aus.

Das ist kollektives Bewußtsein. Die sind alle so stolz auf ihr Unternehmen und das bewundere ich gerade. Das ist wie ein Adelstitel, und – es funktioniert. Sie können sich ganz dafür entscheiden. In einem solchen Fall macht Corporate Design nicht da halt, wo der Mensch beginnt. Sie können das alles durchziehen.

Ein Unternehmer, mit dem ich eng zusammenarbeite, ist Rainer Megele, Megele Industriefußböden, und der geht so weit, daß er sogar die Nummernschilder seiner Dienstwagen mitbeeinflußt. Die führen alle ein N für Nürnberg und ein RM für Rainer Megele. Alle in der gleichen Farbe, knallrot. Ich sage immer, er soll noch so ein „Vorwerk-Babberle" auf die Tür kleben, dann wäre seine Staubsauger-Brigade beisammen.

Und jetzt gibt es eine dritte Möglichkeit, kollektives Bewußtsein zu schaffen. Die ist von Gert Gerken, und die versuchen wir mit Leben zu erfüllen. Die heißt:

"Menschen sind wie Steine. Wir dürfen sie auf keinen Fall verändern. Unsere Organisation hat der Mörtel zu sein, der sich nach den Steinen richtet, und nicht umgekehrt."

Das ist ein ganz neuer Denkansatz. Die Frau Kühlemann ist bei uns ein gutes Beispiel. Die arbeitet in unserem Haus ein halbes Jahr auf der Etage und hat überhaupt keine Probleme, mit Leggins durch den Betrieb zu laufen, daß jeder glaubt, die kommt jetzt gerade aus der Sauna. In jedem anderen Haus schlagen die sich die Hände über dem Kopf zusammen: „Um Gottes willen, wie läuft denn die wieder herum ...!"

Es gibt bei uns keine Dienstkleidung, keine Uniformen und keine Namensschilder deshalb, weil wir gerade diese kantigen Steine, diese unverwechselbaren charismatischen Persönlichkeiten so lassen wollen, wie sie sind. Wir möchten ihre Stärken ausbauen und die Schwächen akzeptieren. Wir möchten eine weiche Organisation – Soft-Management –, die sich nach diesen Steinen richtet. Lediglich im Restaurant, wo das Ambiente entscheidend hineinspielt, geben wir ein Thema vor. Ländlich-sittlich beispielsweise, Frankonia-Jagd. Wie die Mitarbeiter dann aber das Thema „Frankonia-Jagd" interpretieren und umsetzen, ist ihr Bier; die eine mit einem blauen Jeansrock mit einem roten applizierten Herz, und ein anderer hat vielleicht ein Lederhosen-Dirndl an (das soll es auch schon gegeben haben), je nachdem, wie sie „lustig" sind und sich wohl fühlen. Wenn einer jeden Tag in seine Kartoffelkäfer-Jacke schlüpfen muß, ist er ja nicht mehr er selbst. Woher soll da die Motivation noch kommen.

Alljährliche minutiöse Planung

Eine unserer Grundlagen ist natürlich eine akribische Planung.

Einmal im Jahr fährt die ganze Führungsmannschaft ins Ausland in ein Luxushotel, und wenn wir zurückkommen, haben wir ein Jahresarrangement, das heißt, eine detaillierte Jahreszielplanung, geschrieben auf 50 bis 60 Seiten und mit anschließendem Fotoprotokoll. Darin sind alle quantitativen und qualitativen Ziele des kommenden Jahres enthalten. Und auch hier spielt natürlich wieder die volle Transparenz mit. Auch diese Unterlage wird an alle Leute versandt, die mit uns zu tun haben und die für uns wichtig sind. Die Lieferanten kriegen ein Exemplar, die Bank, und ich habe auch keine Hemmungen, das Papier einem Konkurrenten zuzusenden, wenn er dies wünscht.

Vorletztes Jahr waren wir im Giardino in Ascona, und im vergangenen Jahr fuhren wir ins Chewden Glenn nach England, ins beste Countryhouse-Hotel, das ich kenne. Es muß tatsächlich immer vom Feinsten sein. Ich würde mich schämen, in ein billiges Hotel zu gehen – da würde ich ja meinen besten Führungskräften signalisieren, sie seien mir nichts wert, obwohl genau das Gegenteil stimmt!

Die letzte Seite dieses Jahreszielplanes enthält immer ein Jahresmotto. Letztes Jahr hieß das Motto: „Ich gehe mit allem um wie mit meinem Augapfel" und im Jahr davor: „Alles für den Kunden".

Nutzbarmachung der „anderen" Welt

Alle aus unserer Führungsmannschaft haben bis heute Zen-Meditationsseminare besucht. Wir machen sehr viel Fortbildung im persönlichkeitsentwickelnden Bereich und sehr wenig im professionellen, weil die jungen Leute eben eine Super-Ausbildung bereits mitbringen. Wir versuchen sogar, in den nächsten Jahren von unserem System der schriftlichen Planung wegzukommen, weil es eben genügt, wenn eine Führungsmannschaft gemeinsam meditiert und dieses Ziel kreativ visualisiert – das Ziel steht plötzlich greifbar mitten in der Gruppe. Wir würden dann unsere schriftliche Planung, auf die wir heute noch so stolz sind, sogar verkommen lassen zu einem Treppengeländer, zu Leitplanken, die sehr weit auseinanderstehen und nur als zusätzliche Sicherheit dienen.

Natürlich können Sie diese anderen Ebenen des menschlichen Seins nicht nutzen, wenn Sie als Unternehmer im eiskalten Fabrikantenstil der Jahrhundertwende führen oder als Wirtschaftswunderknabe der 50er Jahre mit der Persönlichkeitsprägung „Time is money" auf der Nase durch Ihren Betrieb laufen. Diese andere Welt muß Ihnen offenstehen, sonst können Sie diese auch nicht anderen weitervermitteln.

Wie gesagt: Auch wir sind noch nicht ganz soweit und sind auf die schriftliche Jahreszielplanung immer noch angewiesen.

Das wichtigste am Jahreszielplan ist, daß wir ihn alle am Ende des dritten Tages signieren wie einen Rütli-Schwur. Damit können Sie schon fast davon ausgehen, daß die geplanten Ziele erreicht werden. Die größte Abweichung zwischen Plan und Ist hatte ich 1984, da waren es 2,7 %. Wie alles andere ist auch Umsatz eine planbare Leistung. Wenn jemand glaubt, Umsatz sei Zufall, dann macht er natürlich wenig.

Selbstverständlich gibt es Umstände und Ereignisse, die Sie nicht beeinflussen können. Dies gilt auch für uns; obwohl wir wirklich versuchen, nach den Sternen zu greifen, haben wir es bis heute nicht geschafft, dem lieben Gott auch einen solchen Jahreszielplan zukommen zu lassen.

Investitions-Prioritäten

So müssen auch wir in der Jahreszielplanung die Investitions-Prioritäten differenzieren. Wir unterscheiden drei Kategorien:

Priorität A-Investitionen werden immer in der ersten Jahreshälfte verwirklicht, und zwar unabhängig davon, ob unsere geplanten Umsatzzahlen stimmen. Notfalls müssen wir uns das Geld halt bei einer Bank holen.

Priorität B-Investitionen werden immer in der zweiten Jahreshälfte getätigt und nur, wenn der Soll/Ist-Vergleich stimmt.

Priorität-C-Investitionen machen wir nur, wenn wir im Geld schwimmen. Dazu gehört vielleicht eine Verkaufsmappe oder ein neuer Hausprospekt. Denn wenn ich erst eine Verkaufsmappe brauche, um meine Leistung zu verkaufen, dann stimmen die Leistungen schon wieder nicht. Es ist sicher schön und dient durchaus der Ego-Befriedigung, auch hier innovativ zu wirken, wenn ich nicht weiß, wohin mit dem Geld. Aber wenn Sie morgen zum Ferrari-Händler gehen und sagen, Sie möchten einen Testarossa bestellen, er soll Ihnen zuerst einmal einen Autoprospekt geben, dann fängt der zu lachen an.

Jahresbericht – selbst geschrieben und pünktlich abgeliefert

Am Ende eines jeden Monates bekommt das gesamte Team ungefähr 20 Blätter mit allen aufgelaufenen Zahlen, so daß jeder ganz genau weiß, wo es langgeht. Am Jahresende mache ich einen Jahresbericht, und das ist der einzige Bericht, den ich selber schreibe. An jedem ersten Januar bin ich um 6.00 Uhr früh im Büro, denn als Kehrseite der geforderten akribischen Planung bin ich all meinen Mitarbeitern schuldig, mich hier nicht zu verspäten. Um 11.00 Uhr ist der Bericht kopiert, und um 11.30 Uhr bin ich zwecks Versand auf der einzigen Poststelle, die in dieser Gegend am 1. Januar geöffnet hat. Und nachmittags gegen 14.00 Uhr fahre ich mit meiner Familie für mindestens drei Wochen zum Skilaufen. Komme ich nachher wieder ins Büro, so ist – ob Sie es glauben oder nicht – mein Schreibpult nach vier Stunden wieder leer.

Weitere geldwerte Vorteile

Über das Akzeptieren von Wunschgehältern habe ich bereits gesprochen. Wir zahlen 14 Monatsgehälter bei den Führungskräften, übertarifliche natürlich.

Alle anderen Motivationskriterien sollen natürlich nicht wegdiskutieren, daß zwischen der Leistungsbereitschaft eines Mitarbeiters und seinen Gehaltsvorstellungen ein Zusammenhang besteht. Nur gibt es neben der monatlichen Verschiebung der Geldbeträge auch noch andere Möglichkeiten, solchen Vorstellungen gerecht zu werden. So haben wir in unserer Führungsmannschaft freie Dienstwagenwahl. Unser Küchenchef fuhr drei Jahre lang einen Porsche; dann hatte er ihn satt, und jetzt fährt er einen BMW 325i Cabriolet; davon haben wir bereits drei Stück im Team. Der kleinste Dienstwagen, den wir haben, ist ein Golf GTI. Selbstverständlich hört Corporate Design immer da auf, wo der Mitarbeiter beginnt, das heißt, es gibt keine Firmenfarben am Dienstwagen und keine gleichen Ausstattungen. Wenn Sie das machen wollen, dann empfehle ich Ihnen, noch ein Schildchen auf die Seite zu kleben: Vorwerk. Dann haben Sie Ihre Mitarbeiter von ihrer eigenen Persönlichkeit befreit, und die Motivation ist zum Teufel.

Mit diesen Dienstfahrzeugen erhalten alle Mitarbeiter einerseits zusätzliche geldwerte Vorteile, die andererseits weit mehr wert sind als die nominalen Zahlen. Mit anderen Worten: Ich bringe angesichts der unumgänglichen Abgaben und Steuern bei einer Ausgabe von DM 1 000.— an eine überdurchschnittlich bezahlte Führungsfrau netto vielleicht zwischen DM 250.— und DM 350.— 'rüber. Auf dem Weg über die Dienstfahrzeuge, die wir mit Leasing finanzieren, verstärke ich nicht nur den Bezug zum Unternehmen und vergrößere den Spaß, sondern es kommt auf der anderen Seite von der genau gleichen Ausgabe mindestens das Doppelte an!

Prämien sachgerecht eingesetzt

Jeder Mitarbeiter in unserem Haus hat eine Prämie zwischen DM 1 000.— und DM 7 500.— im Jahr, der letzte Betrag für Leute der Führungsmannschaft und abhängig vom selbstgeplanten Umsatz beziehungsweise dessen Erreichung, abhängig auch von Teamkosten und Wareneinsatz. Alle anderen haben eine Prämie, die abhängig ist von Leistungen, die sie selber bewirken können. Mein Hausmeister beispielsweise hat eine Prämie von DM 5 000.— im Jahr. Die ist gekoppelt an den Fremdhandwerkerbedarf. Ist die Kaffeemaschine mehrmals jährlich kaputt und ruft der Hausmeister jedesmal den WMF-Kundendienst, der nur eine Sicherung umlegt und allein an Anfahrtskosten DM 120.— verrechnet, dann schmeißt er mit seinem eigenen Geld um sich. Zweimal verteilen geht nicht. Ein zweiter Hausmeister hat eine Prämie von DM 5 000.—, die vom Energieverbrauch abhängig ist. Er kann die Heizungsanlage sensibel steuern und sich überlegen, mit welchen Sparlampen er arbeiten kann. Sie können sicher sein, daß es nie lange geht, bis unser Hausmeister merkt, wenn irgendwelche Verbraucher Tag und Nacht arbeiten, nur weil die Thermostate kaputt sind.

Und mit diesem Prämiensystem eliminieren Sie auf einen Schlag sämtliche Angestellten und haben plötzlich nur noch Mitunternehmer im Hause.

Beurteilung, Ernte und Neufestsetzung der Prämie

Einmal im Jahr führe ich mit jedem Mitarbeiter ein ausführliches Beurteilungsgespräch, immer im ersten Quartal. Zuerst wird festgestellt, was der Mitarbeiter im vergangenen Jahr verdient hat. Meine Führungsmannschaft ist zwischen 26 und 32 Jahre alt, und ich habe bereits zwei Leute, die über DM 110 000.— verdienen. Eine junge Dame mit 27 Jahren hatte im vorletzten Jahr bereits DM 81 700.— verdient, ohne 14. Gehalt, versteht sich.

Dann rechne ich die Arbeitstage vor. Bei Berücksichtigung der Fünftagewoche und der bundeseinheitlichen Feiertage hat das Jahr nur 249 Arbeitstage und 116 arbeitsfreie Tage; da ist der Urlaub noch nicht berücksichtigt. Ich sensibilisiere die Leute und mache ihnen bewußt, daß sie schon ganz tolle Gehälter bekommen. Dann erhält jeder Mitarbeiter automatisch eine Gehaltserhöhung, ungeachtet der Leistung. Alle müssen wir einmal im Jahr eine Preiserhöhung durchführen. Wenn Sie die einmal vergessen, müssen Sie so stark nachbessern, daß es sogar Ihr Kunde merkt. Und wenn Sie es einmal im Jahr machen, merkt es der Kunde nicht, und jetzt ist es nur eine Frage der Fairneß, daß Sie einen daraus resultierenden Teil ausschütten, ungeachtet der Leistung.

Dann wird die Prämie neu vereinbart, die unabhängig vom Umsatz ist. Und jetzt sehen Sie, wieso ich derart Wert lege auf die juristische Feststellung, von der Gewährung dieser vertraglich bereits angesprochenen Prämie könne kein Rechtsanspruch auf die Folgejahre abgeleitet werden: Neu verhandeln und damit wirklich motivierend wirken kann ich nur, wenn nicht nur neue Kriterien zur Bestimmung der Prämie herangezogen werden können (weil wir beispielsweise gescheiter geworden sind und den unternehmerischen Anreiz mit einer anders gelagerten Prämie noch verbessern können) und wenn (theoretisch) nicht nur eine Erhöhung der Prämie, sondern auch eine Reduktion in Frage kommen kann.

Die Wirkung des Mitarbeiters beurteilen

Zum Abschluß beurteile ich den Mitarbeiter. Und wenn jemand so gut ist wie wir, dann brauche ich nicht lange herumzukribbeln; dann schreibe ich offen und ehrlich: Es kann nicht besser werden.

Wenn ich kritisiere, dann steht darüber: Es wird niemals die Person beurteilt, sondern immer nur die Wirkung. Ob Herr XY im Bereich Organisation noch Raum für Verbesserungen hat, soll er selber entscheiden. Wenn er meint, dem sei so, dann empfehle ich ihm beispielsweise Dale Carnegie oder Schmidt oder Professor Weissmann oder sonst ein Seminar. Helfen tue ich grundsätzlich nicht! Dies ist niemals die Aufgabe einer Führungskraft. Da halte ich es mit Gordon: Wer hilft, wo Fördern reicht, der schadet.

Sich mit Reklamationen anfreunden

Einen Punkt möchte ich noch ansprechen: die Reklamationen, mit anderen Worten, den Umgang mit Kunden. Zuerst möchte ich Ihnen zeigen, was in der Regel ein À-la-carte-Gast bei meinen Kollegen wert ist. Wenn ich Seminare für Gastronomen abhalte, führe ich sie immer aufs Glatteis und stelle fest, ein À-la-carte-Kunde, der einmal zum Essen kommt, sei DM 50.— wert. Das können die alle auf ihren Registrierkassen am Monatsende ablesen. Ich sage dann immer, im Schindlerhof würden wir dies anders sehen: Jeder Lehrling weiß bei uns, daß ein À-la-carte-Gast DM 200 000.— wert ist. Auch bei mir gibt er zwar nur DM 50.— aus. Wenn wir ihn aber begeistern, dann kommt ein ordentlicher Spesenritter vierzigmal im Jahr, und wenn ich DM 50.— x 40 Besuche im Jahr hochrechne, dann bin ich bereits bei DM 2 000.—. Nun wird unsere Küche einerseits immer gesünder, das ist ja auch ein Mega-Trend; Vollwertküche, lustvoll gesunde Naturküche, und unsere Spesenritter sind andererseits noch nicht im Greisenalter. Wenn wir den bereits Erwähnten also weiterhin begeistern, kommt er noch 20 Jahre zu uns, macht 20 x DM 2 000.— und ergibt DM 40 000.—. Leider sagt er es nur fünf Leuten weiter, daß es ihm gefällt, und schon habe ich den Nachweis des behaupteten Wertes von DM 200 000.— erbracht.

Sie können sich denken, wieviel das Schaffen dieses Bewußtseins im Team Ihnen bringen kann, wie groß die Differenz ist, wenn um 14.10 Uhr noch jemand zum Essen hereinkommt, und der Chef zum Azubi sagt: „Da kommt noch ein Fünfzigmarkschein zur Tür herein – frag' ihn mal, was er jetzt noch will" oder ob bereits der Azubi selber in dem verspäteten Gast ein Viertel des notwendigen Eigenkapitals für die in acht Jahren notwendigen Renovationsarbeiten erkennt.

Geldwert der Kundenkritik

Zu den Reklamationen erwähne ich eine neue Studie aus den USA, wo man herausgefunden hat, daß 38,7 % aller Amerikaner ein Unternehmen ausschließlich danach beurteilen, wie es mit Reklamationen umgeht. In den Augen der Kunden sind Sie dann ein Top-Unternehmen beziehungsweise ein schlechtes Unternehmen, wenn Sie gut oder schlecht auf Reklamationen reagieren. Und ich sage Ihnen, da ist höchste Großzügigkeit angesagt, in allen Branchen, und lassen Sie sich nicht täuschen – alles andere kostet Sie mehr.

Bei American Express hat man herausgefunden, daß man den Gewinn um bis zu 50 % steigern kann, wenn es gelingt, auch nur 5 % weniger Kunden zu verlieren. Und diese Funktion existiert bei allen Dienstleistungsunternehmen, wenn auch die Zahlen nicht immer gleich sind. Allein aufgrund dieser Tatsache sieht man, wie wichtig ein hervorragender und großzügiger Umgang mit Reklamationen ist. Wer hier spart, wirft Geld zum Fenster hinaus, ohne es zu merken.

Wir haben unsere sogenannten Smily-Karten, worauf jegliches Lob oder Kritik angebracht werden kann. Jede Rechnung, die unser Haus verläßt, beinhaltet diesen Smily mit dazugehörigem frankiertem Briefumschlag. Auf allen Restaurationstischen, in allen Hotelzimmern liegen diese Kärtchen herum, und ich bearbeite natürlich nur die mit Adresse. Nur wenn der Verfasser zu feige war, seine Adresse anzugeben, und es zugleich eine ganz schlechte Kritik ist, dann werfe ich sie weg. Damit belaste ich mein Team nicht. Wenn jemand auch nur etwas „mittelmäßig" angekreuzt hat, dann schicken wir wertvolle Bücher, z.B. ein Buch mit Aquarellen über Nürnberg. Der Begleitbrief beschäftigt sich mit drei Aquarellen aus dem Buch, die den Schindlerhof zeigen und deren Originale im Restaurant hängen. Eine fantastische Verkaufsförderungsaktion mit Langzeitwirkung.

Großzügigkeit bei der Wiedergutmachung

Ist ein griesgrämiger Smily angekreuzt, verschicken wir einen Gutschein – unlimitiert – für die gleiche Personenzahl, die bei der Reklamation anwesend war. Wenn zwölf Personen beim Essen waren und behaupten, nicht zufrieden gewesen zu sein, dann geht ein unlimitierter Gutschein halt für zwölf Personen heraus. Absolute Großzügigkeit ist ein Muß! Für die geringste Kleinigkeit, die z.B. im Hotel nicht in Ordnung ist, geht sofort ein Gutschein heraus für die beste Suite. Kürzlich wurde bei einer Tagung vergessen, einem Gast eine Message zu übermitteln, und dieses Mißgeschick hat ihn drei Stunden gekostet. Wir haben ihm drei Stunden seiner Zeit gestohlen, und ich war nicht im Haus, als meine Hotelleiterin diese Reklamation beantwortet hat. Dies hat nichts geschadet, denn sie hat ihn eingeladen zu einer Wiedergutmachungsübernachtung in unserer besten Suite. Wenn ich da gewesen wäre, hätte ich lediglich noch ein Gourmet-Essen draufgesetzt, denn es geht hier um die Reanimation von DM 200 000.—.

Bei uns (wie bei Ihnen beziehungsweise wie bei jedem Dienstleistungsunternehmen) verzeiht der Kunde, der Gast, Ihnen und Ihren Mitarbeitern alles – bis auf eines: Unfreundlichkeit! Ist Unfreundlichkeit im Spiel, dann müssen Sie sich sofort von solchen Leuten trennen, denn die haben auf der Bühne des Dienstleistungsgeschäftes nichts verloren. Launen, neben der Mütze stehen und solche Dinge, die gibt es bei uns nicht, denn dann ist es keine Reanimation, sondern Leichenfledderei.

Fehlerfreudigkeit

Ich möchte Ihnen am Schluß noch ein bißchen Mut machen, fehlerfreudig zu sein. Wir haben alle Angst vor Fehlern. Und ich bin auch erst jetzt, nach langem Üben, soweit, daß wir im Schindlerhof einmal im Monat den Fehler des Monates feiern, und zwar nicht zynisch, sondern locker mit einer Flasche Champagner. Da habe ich auch schon vorgeschlagen, einen Manta zu kaufen, den der „Preisträger" dann einen Monat lang fahren muß. Das wollten aber meine Leute nicht.

In den 60er und 70er Jahren gab es Fabriken mit Riesentransparenten in den Fertighallen. Da stand drauf: Wir machen keine Fehler!

Wo Menschen arbeiten, da passieren Fehler, und der Kunde freut sich sogar über Fehler. Sie können über Fehler leichter einen Stammkunden gewinnen, wenn Sie dann anschließend großzügig reagieren. Nicht das Ergebnis einer Dienstleistung ist ausschlaggebend für den Erfolg, sondern ausschließlich der Prozeß, der eine Dienstleistung begleitet.

Ich gebe Ihnen ein drastisches Beispiel, welches mir Tom Peters bei einem Seminar in Frankfurt erzählt hat.

Peters wohnt in Kalifornien und arbeitet sehr viel an Seminaren und Vorträgen in Kanada, da hat er zur Zeit einen Tagessatz von US-$ 30 000.— und ist auch wirklich jeden Dollar wert. Selbstverständlich kann er es sich leisten, bei dieser Gage nur erster Klasse zu fliegen.

Und er sagt, am Ergebnis seiner Erste-Klasse-Flüge sei noch nie etwas auszusetzen gewesen. Die starten rechtzeitig, und die landen pünktlich; der Sitz ist breit, und der Fußraum paßt – alles in Ordnung. Er fliegt immer mit der gleichen Airline, und dieser Airline hat er nun beinahe die Freundschaft aufgekündigt, weil zweimal das folgende passiert ist:

Peters wollte zu seinem Glas Champagner ein zweites Päckchen Salzmandeln; die Stewardeß rotierte innerlich („...acht Erste-Klasse-Passagiere, acht Päckchen Salzmandeln – Logistik: neun nicht möglich ...") und erklärte: „Tut mir leid!"

Tom Peters war stocksauer.

Und einmal hat er keinen Erste-Klasse-Flug mehr bekommen, sondern der Veranstalter hat ihm einen kleinen Lear-Jet hingestellt, und zu dem Piloten vorne war der Vorhang offen.

Die Maschine ist kaum in der Luft, da ist die Kabine voller Rauch. Peters bemerkt, wie die Piloten vorne Mayday funken und nach Notflughäfen Ausschau halten. Als die Maschine schon halb auf der Seite liegt, sieht Peters, wie unten die Feuerwehrautos von allen Seiten zusammenfahren und der Schaumteppich ausgelegt wird; als er endlich unten war, da sagte Peters:

„Eigentlich wollte ich hier gar nicht landen; das Ergebnis der Dienstleistung ist eine Katastrophe, und außerdem haben die mir nach dem Leben getrachtet, also das Schlimmste, was man mit einem Kunden machen kann. Aber es war der schönste Flug meines Lebens."

Peters war im Mittelpunkt. Alle haben sie sich um ihn bemüht, zwei Piloten, Feuerwehrleute mit ihren Löschwagen und der ganze Funkturm. Der Prozeß, der diese Dienstleistung begleitet hat, ist ausschlaggebend für den Erfolg, und nicht ein kaltes Ergebnis!

Viel Spaß bei der Umsetzung

Erfolg ist das, was erfolgt, wenn man sich selbst folgt. Erfolgreiche Menschen sind sie selbst. Sie spielen keine Rolle, und so bleiben sie durch und durch glaubwürdig.

Sollten Sie sich dann und wann persönlich betroffen gefühlt haben, als ich beispielsweise von menschenverachtenden und verkalkten Führungsritualen gesprochen habe, so war dies durchaus beabsichtigt. Aber auch hier gilt: Meine Beurteilung meint die Wirkung und nie den immer auch dahinterstehenden Menschen. Und wenn Sie nun heute beginnen, Ihre Umgebung mit Lust und in den höchsten Energieformen qualitativ verbessert zu motivieren, so vergessen Sie dabei sich selbst nicht; denken Sie an die Sterblichkeitsrate. Wenn der Umgang mit Menschen im Zentrum der Lösung all unserer Probleme steht, so gehören Sie mit dazu. Richten Sie sich Ihre Arbeit als lustvolle Freizeitbeschäftigung ein und räumen Sie auf mit der Einstellung, Arbeit müsse weh tun, eine Ansicht, die mit Sicherheit einer Koproduktion zwischen einem Schweizer und einem Deutschen entsprungen ist. Arbeiten Sie in diesem Sinne auch mit Leidenschaft an sich selbst.

Ich wünsche Ihnen hierzu viel Motivaction!

Wissen über die Zukunft als Basis für die Zukunftsgestaltung

Rolf Homann

Zukünfte – heute denken morgen sein

Zukünfte sind nicht schicksalshaft, sondern ein potentielles Gestaltungsfeld. Zukünfte kann man schaffen, man muss nicht von ihnen überrollt werden. Der Autor versteht sein Buch als Arbeitsmittel zur Zukunftsgestaltung und zur Entwicklung von Frühwarnsystemen für Unternehmen und jeden einzelnen. Bewusst benutzt er den in Amerika gängigen Begriff 'futures', «Zukünfte». Es gibt deren so viele wie Individuen, die sich mit ihnen auseinandersetzen.
Im ersten Teil des Buches vermittelt der Autor einen Einblick in die Arbeits- und Verhaltensweise der Zukunftsforschung. Im zweiten Teil entwirft er mittels anschaulicher Beispiele Szenarien für Zukünfte der Arbeit, der Medizin, der Freiheit usw. Der abschliessende dritte Teil liefert die Grundlagen und Werkzeuge, um selber rechtzeitig Einfluss nehmen zu können, ohne Trendgurus auf den Leim zu gehen.

200 Seiten, gebunden, ISBN 3-280-02627-X

Orell Füssli Verlag

Chefs an die kurze Leine!

Gabriele Stöger

Wie führe ich meinen Chef?
Erfolgreiche Kommunikation von unten nach oben

In diesem Buch wird alles auf den Kopf gestellt. Denn um das Innenleben in einem Unternehmen im Lot zu halten, ist auch Führung der Chefs notwendig – durch die MitarbeiterInnen. Dass Chefs ihre MitarbeiterInnen «erziehen», ist gängiges Managementritual. Dass aber umgekehrt auch Untergebene ihre Chefs erziehen müssen, ist noch nicht in allen Köpfen verankert.
Die Autorin analysiert problematische Situationen zwischen Chefs und Untergebenen, gibt Ratschläge, wie eigene und «Chef»-Verhaltensweisen zum Positiven verändert werden können. Das Buch ist zugleich Anleitung zur Stärkung des Selbstbewusstseins und der kommunikativen Kompetenz.

200 Seiten, broschiert, ISBN 3-280-02619-9

Orell Füssli Verlag

Den Fallenstellern das Handwerk legen

Klaus D. Tumuscheit

Überleben im Projekt
10 Projektfallen und wie man sie umschifft.

Unerkannte Projektfallen sind der Tod vieler mit grossem Engagement in Angriff genommener Projekte. Die Konsequenz: Zeitverschleiss, Missstimmigkeiten im Betrieb und überdurchschnittliche Fluktuation. Aus seiner 15jährigen Praxiserfahrung schildert der Autor – frech, mit Ironie und Witz geschrieben – die negativen Folgen von 10 Projektfallen (u. a. Optimismusfalle, Sozialkompetenzfalle, Parkplatzfalle, Fachexpertenfalle, Querulantenfalle, Werkzeugfalle, Ressourcenfalle), die für ein Unternehmen schwerwiegende Folgen haben können. Er macht deutlich, wie Projektsabotage, Budgetkürzungen, Verschleppung von Entscheiden das Projektziel gefährden und wie Projektmanager ihre Arbeit schützen können. Ein realistisches Praxisbuch für alle Projektbeteiligten.

200 Seiten, gebunden, ISBN 3-280-02620-2

Orell Füssli Verlag